RIKA　YUKIMASA

行正り香の家作り

ヒュッゲなインテリア

はじめに

"ヒュッゲ"に暮らす、生きる
Living Hygge

私が世界中でいちばん心地よいと感じる場所は、自分の家です。旅先のすばらしいホテルも、旅館もいいなぁと思うけれども、たくさんの思い出や変化を重ねてきた自分の家は、どこよりも心地よい。家は私にとって、心をワクワクさせると同時にリラックスさせてくれる、ワン・アンド・オンリーなスポットです。

一方で、このような家にするために、旅先や友人の家のインテリアを観察しながら、20年近い時間をかけて育て上げてきたという実感もあります。それは子育てや、草木を育てる愛情にも近い感情。「こうしたら、きっとこうなる」「このキャンドルを置いたら、もっと温かい雰囲気になる」——そんなビジョンを持って、少しずつイメージを固めて、今の姿を作り上げてきました。すると、不思議なことにモノにも精神が宿る。モノの集合体である家という空間が、愛情を返してくれるような存在となったのです。

みなさんの中には「自分の家は心地よい空間にはならない」とあきらめている方もいるかもしれません。「広さが違う、家具が違う、かけた年数が違う」。そんな理由を思いつくかもしれません。でも私は、広さや家具だけが心地よさを決めるのではないと思っています。小さなテントの中でも、家の中の自分の部屋でも、病室だって車の中だって、心地よい空間を作ることはできます。心地よさを作ることは、実は簡単。最大のポイントは「好きなモノに囲まれること」、それだけだからです。好きな音楽に、本に、小物に、ペットに、お茶に、お香に、照明に……そして家具に囲まれる。それらを上手に足し算して配置し、そして再び引き算して見せる工夫さえすればよいのです。家具の色がそぐわなければ、ペンキで色を塗ってあげる。照明が当たっていなければ、スポットライトを当ててあげる。そうして「気」をかける、「愛」をかけさえすれば、その先に心地よい空間が生まれてくるのです。

不思議なことに、知らないデザイナーにデザインを頼んで、雑誌にのっているようなかっこいい家を作ってもらっても、温かさを感じる家にはなりません。それがどんなにお金をかけて作ったものであったとしても、そこには「あなた」がいないからです。空間に「個性」というデコレーションがなければ、温度を感じる家にはならないのです。

私がインテリアに最もインパクトを受けた国、デンマークには"Hygge"(ヒュッゲ)という言葉があります。それは「人と人との関係を結ぶような、心地よく温かい空間や時間」といった意味だと言われます。

　デンマークはもともと20年ほど前に仕事で訪れ、そのときから「ヒュッゲ」という言葉にふれていましたが、2017年に「日本・デンマーク国交樹立150周年」の親善大使を拝命し、改めて「ヒュッゲ」について学ぶ機会に恵まれました。デンマークでは、住む家を年齢に合わせて吟味して選び、椅子や器、キャンドル立てといった生活工芸品を大切にし、子供たちも小さなときから「ヒュッゲな生活」を目標とする感覚を育てられるのだそうです。成人して働くようになると、「ヒュッゲな椅子を選んで、ヒュッゲな時間を過ごす」ということを日々の喜びとします。また、日本人は暮らしのうえで大切なことを「衣・食・住」と表現しますが、デンマーク人にとって、その順番は「住・食・衣」。生きていくうえで大切だと考える順番が、私たち日本人と少し違うようです。

　心地よい空間を作ることは、ある意味、言語を学ぶのと同じで、それなりの時間がかかります。デンマーク人のように、生まれながらに心地よい空間と家具に囲まれて生活していれば、母国語と同じように自然に身についていきますが、そうでない場合はなかなか難しい。

　私がこれまで学んできた、この"ヒュッゲ"な暮らし方について、今回、あらためて振り返りました。私の自宅、料理スタジオ、そして知人の家を例としてご紹介することで、みなさんに最短で「心地よい家を作る」方法をご案内いたします。そしていつか、私の娘たちが独立し、小さなアパートに引っ越しをするときに手渡す一冊にしたいと思っています。

　みなさまがこの本を通して、心地よい空間作りが始められますよう、そして心地よい人生をもデザインするきっかけとなりますように。

　　　　　　　　　　　　　　　　　行正り香

目次

はじめに "ヒュッゲ"に暮らす、生きる **004**

Prologue 自分のヒュッゲを知る Find Your Own Hygge **008**

Chapter 01
心地よい空間を作る
Creating Comfortable Space

心地よい空間の見つけ方 **014**

［玄関］ 人をお迎えするアートギャラリー **016**

［リビングルーム］
みんなが集まるくつろぎスポット **020**

［ダイニングスペース］
すべてが生まれるマルチな空間 **024**

■ ヒュッゲなテーブルコーディネート **028**

［キッチン］
より使いやすいキッチンへリフォーム **030**

■ イケアのキッチンについて **042**

［トイレ］
トイレもひとつの部屋のように **044**

［バスルーム］
ユニットバスのイメージチェンジ **046**

［ベッドルーム］ 眠るためだけじゃない場所 **048**

Chapter 02
インテリアを決めるのは「色」
Colors in Interior Design

「色」で空間は変わる **052**

インテリアの「土台」として最も大事な要素 **054**

真っ白な壁を卒業しよう **056**

■ 壁の色を変えてみよう **058**

心地よい色の組み合わせを知る **062**

■ 色の組み合わせ方 **064**

Special Column 01

デンマーク人はお家に招く **066**

デンマーク人の子育て **069**

デンマーク女性の選択 **070**

Chapter 03
家具はスピリット
Spirit of Furniture

よいデザインは心を豊かにする **074**

家具の選び方 **076**

コージーコーナーを作る **078**

Special Column 02

織田憲嗣さんの家を訪ねて **080**

■ デンマークデザインを知ろう **084**

Chapter 04
照明はインテリアを変える
Lighting in Interior Design

会話が生まれる照明 **090**

電球のタイプを知ろう **092**

複数の光源で照らそう **093**

ダウンライト、スポットライトを活用する **094**

調光器を使ってみよう **095**

■ FOOD/DAYSのライティング **096**

Chapter 05
家を飾ろう
Decorating Space

絵を飾ろう **100**

物を飾ろう **104**

花を飾ろう **106**

Chapter 06
心地よい空間の選び方
Selecting a Comfortable Place

心地よい物件の条件 **114**

物件選びのポイント10 **116**

01 優先順位　プライオリティを決める

02 眺望　忘れがちな窓からの"借景"

03 間取り　家族の大きさに合わせて調整する

04 方角　南向き信仰を考え直す

05 立地　場所が暮らしのあり方を決める

06 内装　いちばん熟考すべきは床の色

07 収納　ものは適量を適切なスペースに

08 メンテナンス　住みやすさを左右する管理問題

09 リノベーション　できること、できないことを要確認

10 家具　家具から逆算して決める

さいごに **124**

Prologue

自分のヒュッゲを知る
Find Your Own Hygge

自分にとって心地よい空間とは?

自分の「好き」という感覚を大切に

　人にとっての心地よさというのは、そこにその人らしさがあるかどうかで決まります。もしあなたが可愛いものが好きであれば、可愛いものに囲まれているか、ヨーロピアンテイストが好きであれば、それらに囲まれているか。何もない、シンプルなスタイルが好きであれば、余計な物などない空間ができているか。何か生きているスピリットを感じたいならば、観葉植物やペットがその空間に存在するか。人それぞれ心地よさは違うものだから、「これがみんなにとっての心地よさ」と提案するのは、不可能なことです。でも「自分にとっての心地よさ」には、決まりがあります。

　私にとって家という場所は、単に寝て起きて食べる生活空間ではなく、人生を映し出す場所であり、ある意味、人格をもった存在です。だから壁という壁には絵がかかっているし、アンティークショップで買った年に一回しか使わないようなキャンドル立てや器があり、私の人生を彩る家族やインコちゃんがいて、何年も育てている観葉植物があります。また、音楽は私の人生になくてはならないものだから、普通の家にはあまり置かないであろう大きなスピーカーがあり、いつも何かの音楽がかかっています。この家に絵や置物、音楽やキャンドル立て、コレクションしてきた料理本やアート本がなければ、それは私が心地よいと感じる空間ではありません。なぜならば、それらこそが、私や家族の人生の"リフレクション"だからです。それら

がないと私が生きてきた歴史も、そのときどきに感じとった価値観も、そこからすべて消え去ってしまうのです。

　私が中学生になるまで住んでいたところは小さなアパートでした。私が寝ている部屋に母のエレクトーンがあり、夜中に目が覚めると、母がヘッドホンをつけてエレクトーンを演奏している姿がありました。今考えると、それもまた私にとって「音楽がある」心地よい空間でした。小さい頃から家に音楽があったから、今の私の家にも同じように音楽が響き渡っているのです。その人なりの心地よさというのは、自分がそれまでに「体感したこと」を引っ張り出し、再現し、ブラッシュアップして生まれてくるのではないかなと思います。

　もし「心地よい家に住みたい」と思うのならば、「自分にとっての心地よさとはこんな感じだ」というビジョンを明確に持つことが大切だと思います。ある意味、「こんな彼氏とつき合いたい、こんな彼女とつき合いたい」という理想と同じです。実際につき合う人だって、同じ時間、同じ空間でともに過ごしてはじめて、"合う、合わない"ということがわかるように、心地よい空間も三次元で「感じとって」再現していくことが大切です。そのためにも、歩くこと、見ること、旅をすること、写真を撮ること……そうした経験と実感を通して、自分にとっての心地よさのエッセンスを探し出していきましょう。

デンマークを代表する建築家、家具デザイナーのフィン・ユール邸にて。ソファーはPoet Sofa,1941。彼自身がデザインした家は、仕切りのない空間作りや光の取り入れ方、家具の配置など参考になることがたくさん。コペンハーゲン郊外にあり、隣接しているオードロップゴー美術館の一部として見学可能。とても心地よい空間なので何時間も過ごしたくなります。

Chapter

01

心地よい空間を作る

Creating Comfortable Space

心地よい空間の見つけ方

「心地よさ」を見つけて記憶し、整理しよう

　心地よい空間を作り上げるには、心地よいと感じる「体験」が何よりも必要です。それは本や雑誌、インスタグラムだけで学べるものではなく、3Dの現実の世界でみなさんが体感することから始まります。一方で、誰かの心地よい家、旅館やホテル、レストランやカフェ、教会やお寺にたくさん行けば再現の仕方を学べるか？　というと、必ずしもそうではありません。むしろ、なぜその空間が心地よいのか？　同じところに何度も足を運び、その空間のどの部分が自分にとってピンとくるのか、細やかに分解していく必要があります。広く浅く見るのではなく、一ヵ所を狭く、深く見つめていくことで、アイデアが自分のものに生まれ変わります。

　私が心地よく感じる理想の空間は、デンマーク在住の友人、マイさんの家や、家具デザイナーのフィン・ユールの家、そして心地よさを超えて憧れる世界は、旭川の織田憲嗣さんの家にあります。私はそれらの理想の家を訪れるたびに、写真を撮らせていただき、光の取り入れ方、窓の大きさ、天井の高さ、アールのついた曲線を感じる空間の作り方、ライティング、玄関のしつらえ、色の絞り方、家具の配置を観察します。そして自分の家に帰ったら、その雰囲気をどこかに取り入れようとすぐに真似をします。同じ家具を入れるとか、照明器具やラグを使うということではなく、その空間の醸し出す雰囲気を真似できないか、家のランプや絵を移動したりして考えます。

　よいもの、よい場所、よい空間には、工夫の積み重ねがあります。いろんなところに行って情報をたくさん拾ってきても、自分が本当に真似をしたいことは見つかりにくい。それよりは、あるひとつの場所の工夫のパターンを徹底して観察することが自分の空間を心地よいものへと変化させるアイデアにつながると思います。もし「ここが私の家の理想だ」というものが見つからなければ、好きなインテリア写真集でもいい。その一冊を何度も繰り返し見て、頭の中に入ってくる情報を「色、形、配置」などに分解して観察し、少しずつ真似してみてください。

　次ページからは、主にわが家、料理スタジオの事例を見ながら、それぞれのスポットにおける心地よさの考え方や工夫のポイントをご紹介します。

デンマークの知人、マイさんの家は、冬でも光を集めるために壁、床、窓枠を白のグラデーションで塗っていて、窓の向こうには緑が広がります。同じ白いペンキでも、北欧のような緯度の光だとブルーやグレーにころんで見え、その国に合う白というのがあることがわかります。揃えている家具はモダンで心地よいものばかり。いつ伺っても発見のある家です。

玄関

人をお迎えするアートギャラリー

　玄関は、その家の心地よさを表現する最も大切な場所です。どんなに素敵な旅館であっても、玄関に荷物が放置されていたり、おみやげが乱雑に並べられていたりしたら、がっかりしてしまいます。子供も大人も、靴を脱いだら「並べる、しまう」というメンテナンスなしに、美しい空間が生まれることはありません。

　私は玄関を「小さなアートギャラリー」だと考えています。これまでは上海で買ってきた背筋のピンとした仏像を置いていて、出かけるときにはわが身を振り返り、心と姿勢を正すようにしていました（写真下）。

　今回、木の質感を生かした壁にリフォームしたので、絵画やオブジェクトのほか、芍薬やあじさい、ほおずきなどといった季節の花、あるいは雛人形やクリスマスリースなどを飾り、そのときどきの季節を感じるディスプレイを楽しむスポットとなりました。ライティングに関しても、ギャラリーと同じように、飾られたものにスポットライトが当たるよう、天井にユニバーサルダウンライトをつけています（写真右）。お客様がいらっしゃるときは、キャンドルやオイルランプをつけることもあります。光の量を抑えて暗くすることで、玄関に飾られたアートが宙に浮いたような雰囲気を作り出すことができます。

　玄関は、最初に温かく人を招き入れる、家の中でも最も大切な場所と言えるかもしれません。

before

☐ 大きく印象に残りやすいものはひとつしか置かない
☐ 今月はこれ、来月はあれ、とセレクトして
　季節感と変化を楽しむ
☐ 香りも併せて工夫するとなおよし

玄関は自分や家族が日々必ず通る場所であり、お客様をまずはじめにお迎えする場所でもあります。その家の印象を決める重要なスポットとして、自分が美術館のキュレーターになった気持ちで玄関を考えてみましょう。印象に残るにはインパクトが大事。いくらたくさんいいものを持っていても、全部置いてしまっては散漫になり、何も残りません。豊臣秀吉と千利休のあさがおのエピソードと同じです。たった一輪を飾ってこそ、あさがおの美しさが引き立ちます。メリハリやインパクトを意識しましょう。

季節の花をいけた自宅の玄関。西洋あじさい、ハイドランジアを取り混ぜたアレンジ。色数をおさえることで、華やかなのにスタイリッシュな雰囲気を作り出しています。ここではガラスのボウルにいけましたが、花材が安定しづらいときは、小さめの剣山があると便利です。

Column

香りも心に刺さる要素のひとつ

　印象に残る玄関を作るためには、視覚と同時に嗅覚を効果的に使いましょう。私の場合、お香は国内外問わず、折に触れ購入しています。お気に入りは白檀。また、アロマキャンドルやアロマオイルは香り立ちが優しいので、使いやすいと思います。お香ならば日本香堂の沈香、香伝、そして松栄堂の堀川、白川など。アロマオイルはNEAL'S YARD REMEDIES、Florihana、Jurliqueといったブランドのラベンダー、レモングラス、ローズマリー、ティーツリーなどがおすすめです。香りは好みがあるのでお店で実際に嗅いでみて選びましょう。

スタジオの玄関。ワインクーラーを活用したおもてなしの提案。ウエルカムの気持ちを込めて、シャンパンやワインのボトルとグリーンを一緒にいけました。ここでは枝もの2種をセレクト。小さい花や実がある枝もののほうが投げ入れるだけで形が決まりやすく、見栄えもするのでおすすめです。

［リビングルーム］

みんなが集まるくつろぎスポット

　人はそれぞれ、大切にしたいと思う空間は違います。寝室の人もいれば、キッチンの人もいます。年齢、環境、趣味嗜好で価値観は違うものですから、その場所が違うのは当たり前です。私が最も大切にしているのは家族や友人が集まり、そして音楽を聴くリビングルームです。わが家の場合、リフォームによって廊下のスペースをなくしたため、玄関を入ったらすぐリビングルームにつながるようになっています（19ページのスタジオも同様です）。

　このような間取りは、外国に住んだことのない人からはびっくりされることも多いのですが、海外の場合は一般的です。欧米のドラマの多くの家は、玄関をあけるとすぐにソファーのあるリビングルームへとつながっています。また、スペースが狭い場合は、ベッドルームとリビングダイニングルームをつなげて、広々とした印象を保つ工夫がされているのも、間取りのスタンダードです。

　リフォームをするときは、狭い部屋を細かく区切るのではなく、思い切って廊下をなくすと空間が広がります。海外の間取りをネットで調べてみるととても参考になります（apartment, floor planと検索するとヒットします）。また、ソファーやテレビなど、大型なものをダウンサイズしてみるのも空間を広く見せる手です。（『行正り香のインテリア』P40参照）

before

以前はたっぷりとした3人がけのソファーがリビングルームの主役でした。ソファーをなくし、個々の椅子にしたことで、新しい家族の景色が生まれました。

Tips *Living room*

□ テレビとソファーに支配されない
　リビングルームを作る

　リビングルームは、大きなテレビとソファーを配置する、というのが日本の部屋作りの定番です。ひとり暮らしならそれは理想的な空間かもしれません。でも家族がいる場合、ひとりがソファーに寝転がってしまったら、そこには誰も座れません。ソファーにこだわらずにイージーチェアを集めれば、同じスペースで複数の人が座れるようになります。テレビにしても、大きな部屋であればまた別ですが、狭い空間ではどうでしょう？　せっかくリビングルームを心地よい照明にし、よい家具を入れても、空間の印象としてはテレビに支配されていないでしょうか？　いまやドラマでもゲームでもスマートフォンで楽しめるくらいなので、テレビは部屋の広さに対して必要十分な大きさであれば、サイズは多少小さくてもよい気がします。

　ちなみにわが家のテレビサイズは32型、TOSHIBAの液晶テレビです。値段もお手頃、映像も美しいうえ、NetflixやHDMIをパソコンにつなげば、アマゾンプライム・ビデオを見ることもできます。重さも5キロちょっとなので、家の好きなところに持ち運んで見るのも収納するのも簡単です。子供たちはパソコンで韓流ドラマを見たりすることも。家族全員が同じものを見る時代のテレビの大きさと、個々が別々のものを見る時代のテレビの大きさは変化しているのかもしれません。リビングルームにおけるソファーとテレビのあり方を、見直してみてはいかがでしょうか。

スタジオのリビングスペース。部屋として分けてはおらず、赤いラグを敷いてその空間を浮き立たせ、コーナーを作っています。ラグはペルシャ、パキスタン、トルコなど国によってスタイルが違います。絵とラグの赤、絵と椅子の青が、壁と床をつなぐ働きをしています。もしここに大きなテレビがあったら、このような空間は生まれないでしょう。

ダイニングスペース

すべてが生まれるマルチな空間

　食卓は、私にとって大切なものが生まれる場所です。そこは食べるためだけの場所ではなく、お酒を飲み、話をして、音楽を聴いて、写真集を見る、仕事をする、そして子供たちは宿題をするという、マルチな空間です。わが家の場合、家族全員が最も多く時間を費やす場所でもあります。

　インテリアを考えるときに、壁や床の色やテクスチャー、ソファーの色やベッドのデザインなど、「空間の面積をたくさん占めてインパクトを与える大きなパーツから考える」ことはとても大切です。ダイニングスペースにおいては、テーブルが大きな存在となるため、素材に関してはどんなものがよいか、よく考える必要があります。ローズウッド、チェリー、チーク、合板、ガラス、大理石、人工大理石など、素材によってその印象は大きく変わります。

　また、リビングルームとつながっている場合、両方の家具がバランスよくマッチする素材や色も合わせて考えることも大切です。好きな食卓や家具に出会っても、それがリビングルームの家具と調和がとれているか、じっくりシミュレーションして選びましょう。

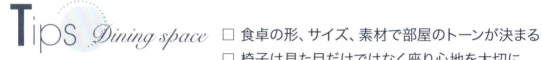

Tips *Dining space*
- ☐ 食卓の形、サイズ、素材で部屋のトーンが決まる
- ☐ 椅子は見た目だけではなく座り心地を大切に
- ☐ 照明を工夫する

　わが家の食卓はモダンな雰囲気にしたかったので大理石のテーブルを(写真右)、スタジオでは、ひとつをクラシカルなローズウッド(P26)、もうひとつはカジュアルなオークル(P27)を選んでいます。以前は長方形のチェリー(写真下)を使っていましたが、カーブのある柔らかい曲線が好きになってきたので、買い替えました。テーブルの高さは部屋の圧迫感を減らしたいので、69〜74cmと低めのものを選んでいます。テーブルの大きさを決めるときは、段ボールなどで実際の大きさのボードを作り、それが本当にフィットするか自宅の空間で確かめるのをおすすめします。椅子は長時間座るものなので、座り心地を重視して選びます。テーブルの上にはランプを中央に置いて、太陽のようなぬくもりを感じるようにしています。

before

直径が140cmの円卓です。周囲に5つの椅子を並べていますが、8人は座れます。円卓のよいところは、互いの顔を見てひとつの話題で会話ができることです。高さが69cmと低いので、リビングの家具のような役割も果たしてくれます。

大きさが変更できる、ローズウッドの楕円形のテーブル。部屋の全体のトーンが
クラシカルなので、ローズウッドを合わせました。8人がベースですが、10人は座
れます。デンマーク家具はよりモダンな印象で、マンションにも合います。

お花や英語の教室のために購入した、楕円形の6人掛けテーブル。ハンス・J・ウェグナーがデザインしたテーブルで、少し傷がありましたが、修復して色を塗り直してもらいました。椅子も同じくハンス・J・ウェグナーのCH88を合わせています。

ヒュッゲなテーブルコーディネート

ミニマムなセッティングで十分

　食は五感で楽しむもの。だから、食べる前のインパクトは大事です。私がアメリカ留学中に驚いたことは、料理がシンプルなものであっても、スーパーで揃えたお惣菜でも、テーブルセッティングをすれば、人はワクワクし、その食卓が楽しくなるということでした。食べることをエンターテイメントの時間として捉える姿が素敵だなと思ったので、私は和食でも洋食でも、友達が来ても来なくても、テーブルをきちんとセッティングすることを大切にしています。

　セッティングといっても、毎日のことだから、クロスを敷いたり、フラワーアレンジをしたりと、凝ったことをする必要はありません。いちばん下にベースとなるお盆かチャージャープレートを置いたら、26cmくらいの大きめの白い皿、その上にのせるスープの器などがあれば、それだけで十分なセッティングをすることができます。それにカトラリーやグラスなどをあらかじめ並べましょう。

　友達が来るときは、家にある花の花びらを器にのせたり、買ってきた枝ものをテーブル中央にランナーとしてのせたりもします。どれも気軽に5分ほどでできるセッティングです。それくらいシンプルなセッティングなら、毎日続けるのもたやすいのではないでしょうか。

Table Settings

029

キッチン

より使いやすいキッチンへリフォーム

　キッチンは、その場を単なる「機能性の高い水回り」として考えるか、「家具のひとつ」として考えるかでライティングや収納など、リフォームの方向性が変わります。単純に掃除がしやすいものがいい、料理をそれほどしない、ということであれば動線などを工夫する必要もありません。けれど私にとってキッチンとは、ほかとつながった部屋の一部です。リビングダイニングと同じような雰囲気があり、調理をするだけでなく、音楽を聴いたりワインを飲んだりする場でもあります。だから私にとっては、機能も備わっているけど、美しいというのがとても大切な条件です。

　わが家のキッチンは2回、リフォームをしました。1回目はクローズなつくりからオープンキッチンにして、照明を蛍光灯から白熱ランプに変更しました。今回は、人工大理石のシーザーストーンを活用し、モダンなトーンでもっと使いやすくオープンな空間にしました。コーナーやカウンタートップの上にランプを置くことで、リビングルームから続く温かい黄色の光とつながりが生まれました。さらにはゴミ箱の位置や収納扉のデザインといったことにも工夫をこらしました。

　キッチンは、フルオーダーでもできますが、IKEAのMETOD/メトード キッチンシステムなどキャビネット器具を組み合わせて作ることもできます。みなさんにとっての心地よさを想像し、理想のかたちを考えていただくため、私がデザインした3つのキッチン事例をご紹介します。

before

リフォーム前はキッチンとリビングダイニングに続く部屋との境に仕切りがありましたが、そちらを取り払ったことで開放感のある空間に。また、テーブルトップも木からシーザーストーンに変えたことで、軽やかさが加わりました。

わが家のキッチン

シーザーストーン:4011 Cloudburst Concrete

薄いグレーの人工大理石とアイボリーの色を組み合わせ、コンパクトでモダンなキッチンを目指しました。キャビネット扉にはモールディングで飾りをつけ、ペンキを塗りました。床は木目調のヘリンボーン・ビニル床タイルに。カーペットと色をなじませるため、先にカーペットを決め、次に同系色のタイルを選びました。

スタジオのキッチン

シーザーストーン:4350 Mink

アメリカの東海岸の家にあるようなエレガントなキッチンをイメージしました。リビングと同じ天井、壁、ダウンライトにして部屋とキッチンの統一を図り、カウンタートップは床のローズグレーのカーペットや、ローズウッドのテーブルに合う茶色をセレクト。スツールもローズウッドにしてカウンタートップと色を合わせています。

友人の家のキッチン

シーザーストーン:5100 Vanilla Noir

こちらは、ニューヨークのスタジオのような男っぽい、シャープな雰囲気を目指しました。色はすべてグレーの濃淡のグラデーションでまとめています。予算に限りがあったので、キャビネットはIKEAのMETODを活用し、好みの色にペンキで塗ってもらいました。色が変わるだけで、印象がガラリと変わります。

Tips Kitchen 01　☐ 大きな面積から考える
　　　　　　　　☐ カウンタートップの素材にこだわる

キッチンリフォームでまず考えるべきこと

「大きな面積を占める部分を大切にする」というセオリーは、キッチンをリフォームするときにも当てはまります。よって、私が最初に考えたのは「リビングとつながったときに、どんな素材の、どんな色のカウンタートップであれば、全体とマッチするか?」ということです。

素材にはタイル、ステンレス、天然石、そして人工大理石などさまざまなタイプがあり、さらには、白、黒、グレーなど色も豊富にあります。私はそれらを取り寄せ、じっくり見比べた結果、硬くて汚れにくく、熱や水に強いシーザーストーン (Caesarstone) という素材を選びました。以前、天然石である大理石で作ったところ、目地の汚れが気になったことがあり、ステンレストップのカウンターはいつも磨いていないと美しくないということに気がつきました。また、モダンな鏡面仕上げの人工大理石はテカテカした光がチープに見えることもあると感じたので、納得のいくこの素材に出会うまで、東京中のキッチンメーカーを回って探しました。

面積が大きいカウンタートップの色を選ぶには、そこに続くリビングの壁や床の色をベースに考えます。カウンターと床は平行する面なので、同系色であればマッチします。カーペットと壁、カウンタートップの3つの素材を並べて互いに同じ色を感じるかをチェックします。キッチンという場所であっても、考え方は洋服のコーディネートと似ています。ベージュ系の服にゴールドのアクセサリー、茶系のバッグや靴を合わせたり、グレー系の服に黒いバッグや靴を組み合わせたりする感覚を、キッチンをリフォームするときにも思い出してみてください。

また、素材を取り寄せて色を選ぶときは、大きな面積になると見本より色が薄く感じられることも考慮に入れましょう。あまり無難な白やグレーを選ばず、施工事例をネットで探してみたりして、全体像を確認してみるのもおすすめです。

カウンタートップ、床と壁の色をコーディネートしよう

こちらのシーザーストーンのカウンタートップは、大理石というより、質感は少しざらっとしていてコンクリートのような面白さがあります。キッチンの近くにグレーホワイトの大理石のテーブルがあるので、統一感を出すために似た色をセレクトしました。朝食を食べたりワインを飲んだり、普段の生活で一番使う場所となりました。

□ お料理好きならコンロもオーブンもガスがおすすめ
□ 照明は温かみのある白熱灯に
□ シンクはサイズを見きわめる

キッチンを作るパーツについて

　キッチンのイメージを決める「パーツ」はカウンタートップのほかに、キャビネットの扉、シンク、コンロ、換気扇、ライティングなどがあります。そのほかに、電子レンジやトースター、ミキサー、フードプロセッサーなども。面積の大きいキッチンの扉は、カウンタートップ同様、そこからいちばん近いリビングルームの家具や色のトーンをベースに選びます。素材はピカピカした鏡面仕上げとそうでないもの、または木の質感を生かしたものも多いですが、これはキッチンメーカーやIKEAなどに足を運び、いろいろなタイプを見てみることをおすすめします。わが家は合板の扉をモールディングとともにペンキで塗りました（ついでに冷蔵庫扉も塗っていただきました）。色はみなさんが写真で感じるより、ずっと濃いアイボリーです。

　カウンター下の収納部分は、開き扉だったところを引き出し方式にリフォームして、鍋や調味料を取り出しやすくしました。腰をかがめる必要もなく、奥まで活用することができるので、キッチン収納について相談されたときは引き出し収納を提案しています。また、オーブンはビルトインに、小型の電子レンジは棚扉の中に設置。ミキサーやフードプロセッサーは、家電をしまう収納庫から引き出せば使えるようにしています（『行正り香のインテリア』P77参照）。

　コンロや換気扇も選択肢はたくさんありますが、機能のほかに決め手となるのは、使われた事例写真や、実際に見たものが自分の好みにマッチしているかどうか、ということです。私はカウンターにしてもコンロにしても、カタログだけを見て選ぶことはありません。アクセサリーもスカーフも、実物を見ないで買うことはないのと同様に、キッチンパーツもショールームに足を運んで見て、触って選ぶようにしています。

コンロ&換気扇

コンロはガスが好きです。火の強さを目で確認できるからというのがその理由です。最近はセンサーがしっかりしていて、空焚きなどもしない仕組みになっているものが多いようです。こちらはリンナイのDELICIA GRiLLER。魚焼きグリルもとても使いやすいです。換気扇はALIAFINAというブランドです。コンロを照らすLED電球は、白色から黄色に変更できるものを選びました。

ライティング

温かい雰囲気を求めるならLEDランプではなく、白熱灯またはハロゲンランプにするのがおすすめです。キッチンもリビングルームの続きとして、リビングと同化するようなイメージになります。また、ペンダントライトとスタンドライトを同じブランド（ルイス・ポールセン）にしたのも統一感にひと役買っています。照明ひとつでキッチンのイメージがガラリと変わります。

キャビネットの扉&シンク

システムキッチンでもともと決められているシンクのサイズは大きすぎることが多いようです。日本の狭いスペースでは小さめで十分ではないでしょうか。調理スペースをもっと確保したかったので、今回のリフォームで75cmから、52cmにダウンサイジングしました。また、水切りラックは素敵なデザインのものがなかなか見つかりません。わが家ではデンマークで買ったステンレスのトレイを活用しています。キャビネットの扉はモールディングをつけて、全体をペンキで塗りました。キッチンは丸ごとリフォームすると費用がとてもかかります。自ら工夫をして作るのも楽しいものです。

Tips Kitchen 03

□ 調理しやすい動線を考える
□ 動線から配置を決める

作業の流れをイメージする

　キッチンをゼロから作るときは、調理作業の流れを考えることが大切です。食材を置く→洗う→切る→ボウルなどで下ごしらえする→加熱調理する、という基本の流れに沿った配置が大前提です。さらに、素材を洗う場所（シンク）のすぐ右か左に食洗機、そしてゴミ箱が配置されているのが理想的な動線です（右利きの方なら、シンクの下に引き出し収納、右下にゴミ箱）。ゴミ箱は下のほうに配置しがちですが、シンクからすぐ捨てられるよう、上にあるほうが断然使いやすいと思います（写真右）。

　また、キッチンの「奥行き」も重要な要素です。日本のキッチンメーカーはシンクにしても収納にしても奥行きが深く設定されているものが多く、結局は"何でも置き場"になってしまい、使いづらかったりモノが溢れたりする原因になっているようです。奥行きを控えめにするとスペースが生まれますし、日本の狭いキッチンこそ、奥行きは控えめのほうがおすすめです。わが家の場合、ガスコンロがおさまる程度の幅にとどめています。

　食洗機についてですが、洗うだけならば海外のメーカーでもよいですが、乾燥力を求めるならば日本のメーカーはすばらしいと思います。引き出し式と扉ごと開けるフロントオープンとありますが、同じスペースならば、フロントオープンのほうが容量が多いので、食器をたくさん使う方にはおすすめです。

　こちらは友人の家のキッチンです。IKEAのキャビネットは、ゴミを捨てる場所や鍋を入れる引き出しなど、自由に組み合わせることができるので、シンクをベースとして、その右に野菜クズなどをすぐ捨てやすいようゴミ箱を設置し、左にさっと洗ったものを食洗機に入れられるようにしています。またコンロの左に引き出しがありますが、こちらは調味料やスパイスが入るラックとなっています。また壁にコンセントをつけると壁の美しさが損なわれるので、カウンタートップ上にコンセントを持ってきて、キッチン家電を使えるようにしました。

動線：友人宅の場合

調理する
（ガスコンロ、オーブンで加熱調理）

下ごしらえする
（食材を置く、切る、混ぜるなど）

洗う①
（シンク。食材のほか食器類なども）

コンセント
（壁ではなくカウンタートップに）

洗う②
（食洗機。食器類や鍋などを洗う）

捨てる
（ゴミ箱／燃える、燃えないで分けても）

ゴミ箱はカウンタートップの真下にするのがおすすめです。野菜のクズなど、すぐに捨てることができ、便利です。ゴミ箱は2つ入るようにして燃えるもの、そうでないものに分けています。

動線：わが家の場合

調理する
（ガスコンロ、オーブンで加熱調理）

しまう①
（よく使う食器類）

下ごしらえする
（食材を置く、切る、混ぜるなど）

しまう②
（家電の収納庫）

わが家の場合は、流し台の下にゴミ箱、その右に食洗機を持ってきています。ミキサーなどの家電類は引き出し式のキャビネットにしまっています。食器をしまう棚は流し台の上にもあり、普通の家庭であればこれで十分足りると思います。カウンターから棚の扉までの高さは49cm。それ以上高くするよりは、収納スペースをたくさん確保しました。また、棚の上には好きなものを集めています。飾りとなるようなポット、ランプなどを置くだけで、キッチンがリビングルームの一部のような空間となります。

イケアのキッチンについて

キッチン作りでこだわるべきところ

　リーズナブルに造作キッチンを作るならば、IKEAの「METOD」はすばらしい。キャビネットの扉のデザインや色も豊富で、コストパフォーマンスが高いと思います。ただし、排水口などの臭いを取る機能は日本のものと比べると多少物足りないので、排水まわりは日本で作ってもらうことをおすすめします。よく料理をするという方にとっては、排水の臭いを抑える日本独自の工夫はとても大切だからです。

　友人の家のキッチンデザインは、グレーをキーカラーと決めていたので、IKEAで選んだアイボリーのキャビネット扉を黒いカウンタートップに合うグレーに塗り替えました（写真参照）。色を変えるだけで、雰囲気はかなり変わります。さらに、取っ手などは、長く使い続ける「アクセサリー」のようなものですから、この部分にはこだわって、アンティーク・ブラスを選んでいます。

　ちなみにこのようなことはすべて、海外のインテリア本やインスタグラムを見て、「この感じがいいな」「この色が好きだな」といった明確な事例を見つけて選んでいます。「なんとなく」で選んでがっかりしないために、参考になりそうな資料は写真で集めるようにしたのです。また、ペンキで試し塗りをするときは現場に立ち会って、大きな面積を決め込むときは細やかに確認をしました。

　キッチンユニットの高さは身長が150㎝ならば70㎝、160㎝ならば80㎝、170㎝ならば90㎝が目安ですが、私はもう3㎝は高くても調理しやすいと思います。腰を曲げて前かがみにならずに料理ができると、とても楽です。

IKEA'S kitchen

[トイレ]

トイレもひとつの部屋のように

　私にとっては、トイレも「ひとつの部屋」です。だから壁もリビングルームと同じ素材で塗っていて、ライティングもハロゲンランプのスポットライトを使っています。お客様がいらっしゃるときは、調光器でもっと暗くし、お香やアロマを焚き、キャンドルをつけます。トイレに入った途端、現実に戻らなくてよいようにという演出です。ライトはユニバーサルという方向を変えられるもの。光を当てているのは鏡や絵で、便器にはゆるく当たるようにしています。トイレ自体はINAXのサティスというタンクレスのタイプですが、いろんな機能がついているわりにはコンパクトで、床との設置面がキュッと細くなっていて、形がエレガントです。洗濯機でもトイレでも、最近はたくさんの機能をつけた大きいものが多いですが、私はコンパクトでエレガントな曲線のデザインが好きです。水栓の金具や鏡、タオル掛けなどはゴールドです。アクセサリーは色を揃えたほうが、統一感が生まれます。

自宅のトイレ。絵はカナダ人の友人からいただいたもの。花は一輪だけをいけることが多いです。鏡はスペインの額縁に入ったものを選び、非日常感を出しました。お客様がいらっしゃるときは、アロマやお香を焚くことも。

☐ 壁と床の素材はほかの部屋と合わせて
☐ 照明も温かみのあるものを
☐ 金具類は同素材で揃える

こちらはスタジオのトイレ。壁はモスグリーンで、床にはベージュのタイルを敷いています。壁には絵をかけ、照明は絵に当たるようにしています。絵のフレーム、タオルかけや蛇口などの金具はすべてゴールドで揃え、統一感を出しました。

バスルーム

ユニットバスのイメージチェンジ

お風呂が古くなってきたら、多くの方はユニットバスごと全部変えてしまいます。わが家はユニットの壁に薄い大理石を貼り、浴槽はペイントすることでこのような雰囲気にしてもらいました。タイルを選ぶ際は、面積が広いので、小さなサンプルではなく大きなサンプルを見て選ぶことをおすすめします。私は原宿のアドヴァンなどに行って、だいたいはイタリアの大理石から選ぶことが多いです。ちょっとしたニュアンスやばらつきが、かえって美しいのがイタリアのタイルやガラスの特徴です。

以前はタイルも目地（タイルとタイルの間をつなぐ素材）も白でしたが（『行正り香のインテリア』P80参照）、お風呂タイルの目地は、どれだけ努力をしても汚れやすいことに気がつき、リフォームのときに目地だけを黒にしました。以前はしょっちゅう漂白剤で目地を掃除していましたが、お湯でさーっと汚れをとるだけで、きれいに見えます。汚れやすい場所は、メンテナンスの楽な色、素材を選ぶことも大切な要素です。

こちらはわが家の洗面所。以前は開き扉の棚でしたが、IKEAのMETODキャビネットを入れて、高さを上げ、収納を増やしました。乾燥機付き洗濯機は扉の中に収納していて、使うときに開けるようにしています。化粧品やドライヤー、タオルなど、あらゆるものをこの引き出しに収納できるようになり、とても便利になりました。こちらはMETODのマキシメーラというタイプで、奥行きが41cmのもの。カウンタートップはキッチンと同じ、シーザーストーン（4011）を選びました。

□ リフォームはサンプルを吟味して
□ メンテナンスのしやすさで色や素材を選ぶ
□ パウダールームは収納力を重視

［ベッドルーム］

眠るためだけじゃない場所

　いつもはテーブルを置いているスタジオに、銀座の北欧家具店、ルカスカンジナビア（P87参照）にお願いして、私の理想のベッドルームを作っていただきました。北欧の人は、布団のように比較的幅の狭いシングルサイズ（幅は90cmのものが多い）のベッドを2つ合わせたり、2つを少し離したりして設置することが多いようです。ちなみにこちらのベッドはDUXIANA（デュクシアーナ）というブランド。寝転がると浮いているような気分になる、人生の伴侶として最高な寝心地のベッドで、北欧では最高品質ブランドのひとつです。機能もさることながら、私が好きなポイントは、日本の家屋やマンションに合うシンプルで控えめなデザイン。和のインテリアにも合うと思います。こちらのベッドメイキングは北欧独特のもので、布団をカバーで隠すのではなく、布団の上にクロスをかけるというもの。合理的で日本人に合ったデコレーションです。

　海外のベッドルームで素敵だと思うのは、コージーコーナー（P78）があること。ひとつの空間をひとつの目的だけで使うのではなく、多目的に使うように工夫されています。日本では、寝るためだけにベッドルームがありますが、もしそれだけならば、部屋をコンパクトにして、そのぶんリビングルームなどを大きくしてもよいのにと思います。ベッドルームでたくさんの時間を過ごすならば、私はこんなベッドルームにしたいなあ。本を読んだりテレビを見たり、一日を過ごせるような空間にしたいです。

Chapter

02

インテリアを決めるのは「色」

Colors in Interior Design

「色」で空間は変わる

床、壁、家具、小物……効果的に色を配置しよう

心地よい住まい作りには、そもそも「どこに住むか」という場所選びや、それぞれの部屋の役割を考えることがとても重要です。でもそのような選択の自由がない場合もあります。住む場所がすでに決まっている場合です。場所は変えられない。借景も変えられない。ならばあきらめるしかないのか？……というと、そんなことはありません。大きな面積を占める壁と床の色、家具や小物の色、そしてそれらの色を照らす照明に工夫を凝らすことで、いかようにもその空間を変化させることができます。

例えば、私がプロデュースした新橋のステーキレストラン、FOOD/DAYS（右ページ）。こちらは場所も広さも、すべての条件が決まっていたうえに、予算も限られていました。そこで、「色と照明を工夫して、心地よいインテリアを生み出そう」と考えました。場所は狭く、天井も低く、借景も美しくない——まったく好条件ではありません。私が考え出したアイデアは、照明を落とすこと（Chapter 4で詳しく説明しています）と、グレートーンですべてをまとめる、ということ。ヒントになったのは、デンマークのレストラン、noma（ノーマ）です。伺うたびに観察していたのですが、グレーのトーンを生かした壁や床材がとてもインテリジェントな雰囲気をもたらしていて、シンプルなのに居心地がよい。その独特な照明の暗さが人と人の親近感を生み出していると感じました。

キーカラーはグレーと決まったので、そこから、床材をグレーに、天井はもっと濃いグレーに、壁は床よりもっと薄いグレーに、と3つのグラデーションで塗り分けました。テーブルと床、額装も同じような色にして存在感を隠すようにしました。また、その空間に合わせる器もシンプルなロイヤルコペンハーゲンの白い器とシャープなラインのグラス、ショット・ツヴィーゼルにしました。そして、照明はテーブルが「舞台」となるように、食事が置かれるところだけにスポットライトが当たり、お客様も含めてほかの部分には光があまり当たらないようにしています。

このようなライティングをすることで、グレーの空間の中に陰影が生まれ、"なんだかよいレストランにいる"と感じられるようにしたのです。私がここで赤やオレンジ色の壁を選び、明るい照明にしていたら、「楽しい場所」になっていたでしょう。「インテリジェントな空間」「大人が集う空間」にはならなかったと思います。色は、その空間のすべてを変える大きなパワーを持っています。

Tips *Color* 01

□ 最も慎重に選ぶべきは「床」の色

インテリアの「土台」として
最も大事な要素

　壁とともに大切な要素は「床」です。大きな存在なので、部屋の雰囲気をガラリと変えてしまいます。壁はいくらでも塗り直したり、絵を飾ったりして工夫できますが、床はフローリングにするにしてもカーペットにするにしても、めったに変更するものではありません。ですから、色においてまず土台となる床選びは慎重に行う必要があります。

　わが家も、リフォームをするときにいちばん最初に決めたのは「床をどうするか」ということでした。うちの場合はカーペットを選びましたが、どんな素材にするか、どの色にするか、どんなパターンにするか……さまざまな種類を見に行き、サンプルを持ち帰って、じっくり見比べて選びました。

　カーペット選びはサンプルを取り寄せることから始まります。持っている家具に合う色みを選びましょう。サンプルのサイズは小さいものですが、面積が大きくなると色が薄く見えるという、その差を想像して選ぶのがポイントです。東京・新宿のリビングデザインセンターOZONEのように、さまざまなメーカーの建材を集めているショールームに見に行くのもおすすめです。まずどのメーカーがよいか選び、さらにそのメーカーから素材を選び、パターンを選んでから色を決めます。あまりに大きな面積なので想像がつかないという方は、ホテルやレストラン、あるいはブティックなどの床を観察して、何が自分にピンとくるのか、素材や色は何がよいかまで具体的に考えておきましょう。

　床の印象というのはとても大きく、素材感もはっきり表れてしまいます。汚したくないからとフローリングを選びがちですが、ピカピカとしたツヤのある合板は安っぽい印象になるので、フローリングにしたいならば、なるべく自然に見えるビニル系の床材を探してみましょう。ちなみに、カーペットは膝にも足にもやさしく、意外と汚れも落ちやすいので、老後に向けてのリフォームにおすすめです。

サンプルの比較が成功の秘訣

東レ、サンゲツ、川島織物セルコンといった国内のメーカーもありますが、今回選んだのはコンフォート株式会社がアメリカから直輸入しているFABRICAというカーペット。カーペットは肌に直接ふれるものなので、ぜひメーカーからサンプルを取り寄せ、色だけでなく手触りも確かめてから決めましょう。

Tips *Color* 02 □ 壁は空間作りに大きく影響するパーツ

真っ白な壁を卒業しよう

　壁は、家の雰囲気を変えることのできる最良のパーツです。日本人はあまり自分で壁を塗る習慣はありませんが、本当にもったいない。今はビニール壁の上から塗ることができる水性ペンキや、下地材をつければ、珪藻土(けいそうど)のような雰囲気になるペンキなど、いろんなものがあります。カラフルな色でなくとも、病院のような真っ白の壁から、落ち着きのあるアイボリーに変えるだけで、部屋の雰囲気はガラリと変わります。私の家もスタジオも元々は真っ白だったのですが、リフォームで自宅はオレンジがかったアイボリーに、スタジオは黄色にグレーが混ざったようなアイボリーに変えています。この写真では、真っ白に見えるかもしれませんが、一般的なマンションの壁に比べると、かなり濃い色で、塗る前には勇気がいりました。でも全体を塗ると落ち着いた雰囲気になり、経年変化とともに、さらによい色になってきた気がします。

　壁の色のセレクションは無限ですが、ひとつだけ、「真っ白は卒業する」と決めておくと、選択肢の幅が広がります。私が壁の色にトライしたのはアイボリーを筆頭に、淡いブルー、ベージュ、グレー、薄いグリーンなどです。紺色や濃いグレーもかっこいいので、いつか部屋全体ではなく、壁の一面だけなど、トライしてみたいなと思っています。

　ちなみにスタジオの壁は、イタリアの教会のつるりとした壁のアイボリーをイメージしました。少し冷たい雰囲気がするスタッコ壁というものです。

壁の色を変えてみよう ―ペイントのすすめ―

色で部屋のイメージはガラリと変わります

　壁の塗り方の流れをみなさんにご紹介するために、ルカスカンジナビア（P87参照）の壁をお借りしました。こちらのお店はよく壁の一面だけを違う色で塗っています。お店全体はアイボリー系なのですが、ある一面をグレーに、ブルーに、茶色に、ベージュにと変化させるだけで、お店の雰囲気がガラリと変わります。

　マンションのビニール壁などに塗る場合、水性ペイントのメーカーからカタログを取り寄せましょう。詳しくは右ページで説明していますが、好みの色を選んだあとは、道具を用意し、床や天井、ペンキを塗りたくない部分を養生します。次にハケで壁の端を塗ってから、ローラーで全体を仕上げるという工程になります。

　自宅を自分で塗って思ったのですが、大変なのは天井を塗るときに首が痛くなること、ハケで端を塗るのには細やかな作業が求められるということくらいで（この部分は、娘たちにやってもらいました）、あとはローラーを動かすだけです。ちなみにローラーにはいろんな大きさがありますが、便利なのは直径が17cmくらいの中型のローラーです。仕上げローラーとして売られていますが、素人にはペンキの量のコントロールが簡単なので全体も塗りやすいと思います。まずはひとつの壁から塗ってみてはいかがでしょうか。家族やお友達と二人で、数時間あれば塗ることができます。ぜひお試しを。

HOW TO

Changing the Wall Color

パレットから色を選ぶ

P61でも紹介していますが、メーカーから色のサンプルを取り寄せて検討しましょう。ペイントの色は壁全面に塗ると、サンプルよりやや明るく感じられることも考慮しましょう。

必要な道具は5つだけ

ペンキを入れるバケット（容器から移すことで量の調整がしやすい）、ローラー（約17cm幅）、ハケ（50〜70mm幅）と、養生のための布テープマスカーとマスキングテープを用意。

01 壁を養生する

ペンキをつけたくない、塗る壁以外の場所を養生します。マスキングテープを貼ったあとに、布テープマスカーで覆います（マスカーは粘着力が強いので壁への直張りは避ける）。

02 ペンキをバケットに入れ替える

ペンキの容器を写真のようにテープで固定する（容器にペンキがつかないようにするため）。バケットに使用するくらいの適量を注ぐ。

色の選び方

部屋を広く見せたいのか、落ち着いた印象にしたいのか、といったイメージを大事に。西日が強いのか、朝日が入るのか、部屋への光の入り方も考慮を。

03 ハケ→ローラーで塗る

ハケで壁の端から塗っていく（マスキングテープには塗らない）。その後、大きな部分をローラーで塗る。ほどほどに乾いたら、テープ類をはがす。完全に乾くまで待たなくてOK（P60の灰汁色の例）。

059

灰汁色 (あくいろ)
(J COLOUR)

before

季節で色を変えるのも楽しい

もともとグレーだった壁をベージュに、そして濃いブルーに塗り変えたパターンです。グレーならばインテリジェントに、ベージュならばあたたかく、そしてブルーならばクールな雰囲気になります。季節ごとに夏ならばグレー、冬ならばベージュなどと変化させたり、壁の色に合わせて掛ける絵を替えたりするのも、雰囲気が変わって楽しいものです。わが家では、キッチンの扉や天井のモールディングなども気軽にペイントしています（娘たちにアルバイトとしてお願いしたり。笑）。ぜひ皆さんも気軽に試してみてください。

青鈍（あおにび）
(J COLOUR)

ショールームに行ってみよう

ターナー／カラースパイス 色のショールーム

「ターナー色彩」直営のショールーム。ビギナーはペイントのノウハウも教えてもらえる。今回使用した、壁紙の上から塗れるペイント、J COLOUR 全200色も。

住所	東京都台東区上野5-9-4 2k540 AKI-OKA ARTISAN B-3
Tel	03-3832-5850
営業時間	11:00～19:00
休日	水

カラーワークス／パレットショールーム

環境に優しいペイントや壁紙を扱う「カラーワークス」。英国生まれの色彩豊かな「FARROW&BALL」が人気。ペイントレッスンなども行っている。

住所	東京都千代田区東神田1-14-2
Tel	03-3864-0810
営業時間	10:00～18:00
休日	日・祝

Tips Color 03 □ 家具や絵に合わせて色を配置する

心地よい色の組み合わせを知る

全体のトーンを白くするのか、グレーにするのか、ブルーにするのか、ベージュにするのか——その方向性が決まったら、次は組み合わせる色みを確定(配色)していきます。これが実は、現代の日本人にとっては難しい。なぜなら、伝統的な日本家屋における「色」は、畳のベージュと柱の黒、そして家具はその中間を行く茶色、という構成がほとんど。そこに、色鮮やかなうつわや花瓶、そして着物を加えることで、艶やかさを加えていたからです。

ところが、テーブルやソファー、ベッドという洋風の生活に変わり、いきなり色がドドーンと入ってきました。けれど、それらとともに、欧米で行われているような「配色を決めてインテリアをコントロールする」という習慣までは入ってこなかったのです。

どのような配色で部屋をデザインするかを考えたときに参考となるのは、「色相環カラーチャート」(下図)です。配色を考えるヒントとして、ここにあるような色の関係性を参考にしてみるのもおすすめです。

1　グラデーションでまとめたいときは、
　　左右近くの色で組み合わせる
　　(これを類似色といいます)
2　ビビッドな組み合わせにしたいときは
　　対向する位置の色を選ぶ
　　(これを補色または反対色といいます)

FOOD/DAYSレストランの場合(P52参照)、グレーのグラデーションでまとめて、そのグレーに差し色として赤を、絵を用いてフォーカルポイントにしています。右ページ上は、ブルーが目立つ額装をした絵の手前に、赤い絵が飛び込んでくるようにポジションを考えました。下は、黄色い絵に合わせて、その反対色となる紫色の柄のファブリックを配置し、小さいけれども紫色のキャンドルホルダーを置いて、色をつないでいます。

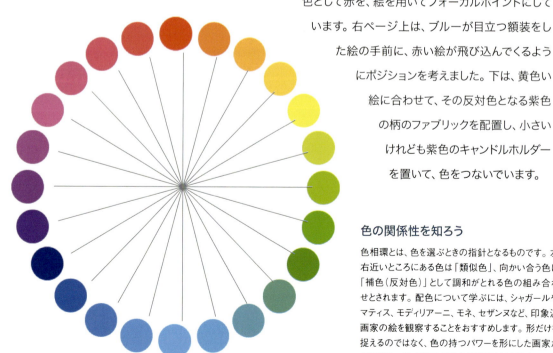

色の関係性を知ろう

色相環とは、色を選ぶときの指針となるものです。左右近いところにある色は「類似色」、向かい合う色は「補色(反対色)」として調和がとれる色の組み合わせとされます。配色について学ぶには、シャガールやマティス、モディリアーニ、モネ、セザンヌなど、印象派画家の絵を観察することをおすすめします。形だけを捉えるのではなく、色の持つパワーを形にした画家たちの絵は、インテリアの配色の勉強になります。

■ × ■
ブルー×レッド

写真上の左は工藤村正さん、右および写真下は野崎義成さんの作品です。どの絵もブルー、赤、黄色とキーカラーがはっきりしているので、組み合わせるべき小物、ファブリック、隣り合わせにすべき絵の色などが決めやすいのです。絵を選ぶのに迷ったら、色から考えるのもひとつの手です。

■ × ■
イエロー×パープル

色の組み合わせ方

ベージュ × 薄いグレー

　自宅の場合、ベージュと薄いグレーを床と壁という大きな面積に配置し、そこにブルーやグリーンの色が入った絵、観葉植物を配置しています。基本がベージュの場合、目で感じる色みは"黄色"。ならばそこに、反対色であるブルーや類似色のグリーンが差し色として加わると、ビビッドな雰囲気になります。キッチンの壁はベージュからつながるアイボリーも選べましたが、どこかモダンな雰囲気にしたいと思っていたので、あえて薄いグレーを選びました。

自宅の場合

01
アジアンテイストの小物

02
デンマークのモダンな家具や照明

03
モダンな色とパターンのカーペット

04
クールすぎないグレーのキッチンカウンター

Connecting Rooms with Colors

グレー×ダークブラウン

　スタジオは、カーペットのグレー、家具のダークブラウンが最初に目に飛び込んでくる色となります。そこに差し色として加えているのは、赤と青が入った絵。絵も赤の隣に青、青の隣に赤と反対色を並べることによって、互いが引き立つようにしています。クッションや花瓶など、単体で美しいからと配色を吟味せずに選んでいては、全体がごちゃごちゃしてしまいます。ほしいけれど、これはうちの空間に合うかしら？　と立ち止まって考えてみることが大切です。

スタジオの場合

01
ツルリとした風合いのスタッコ壁

02
クラシカルな雰囲気のローズウッドの家具

03
あたたかみのあるグレーのカーペット

04
シックなこげ茶のキッチンカウンター

Special Column 01

デンマーク・コペンハーゲンに住む友人、マイさん

デンマーク人はお家に招く
〜"ヒュッゲ"を楽しむ〜

かつて広告代理店で働いていた時、デンマークでの仕事が何度かありました。基本的に、撮影は他の人々と一緒に行うのですが、編集や音を入れる作業は一人だけ残って働くこともありました。アメリカやイギリスなどでもそれは同じ状況でしたが、デンマークの人は「夕食はどうするのか?」と心配し、そしてみんなが「うちにおいでよ」と言ってくれるのです。夕ごはんは誰かとともに食べるもの。だからわが家にジョインしないかと。

よくおじゃましていたのは、プロデューサーのマーチン一家のお宅です。奥さんのマイさんは私と同じように広告関係の制作をしていたのですが、途中で料理研究家に転身。一緒に『北欧からのやさしいお菓子』という本も出させていただきましたが、それはそれはおいしいお菓子を作る方です。マーチン家をはじめ、デンマーク人のおもてなしは、料理だけがメインではありません。料理自体は、家族で食べる普段のメニューにデザートが追加されるくらい。でもキャンドルやお花はあちこちに配されていて、家の中に入った瞬間、心地よさに包まれます。

ちなみにデンマーク人は、日本人と同じで室内では靴を脱ぎます。家の中に埃を入れないというのは当たり前のことだそう。仕事終わりの解放感の中、デ

ンマークビールと白ワインをトレーの上にのせ、さあ、飲みましょうよとヒュッゲな時間が始まります。私がおじゃましたどのお宅もダイニングルームにテレビはなく、食事をする最中は音楽がかかっていました。

その日あったことをテーブルで食事をしながら語り合い、静かな時間が過ぎていきます。食事が終わると、当時小学生だった子供たちが、器とグラスをえっちらおっちら流しへと運び、中学生のお兄ちゃんが洗います。私たち大人はテーブルを囲んで座り、赤ワインやコーヒーをゆったりと楽しみます。しっかりと役割分担がされていることに当時、とても驚きました。

おじゃまするたびに家がきれいなことに感動していたら、「デンマークでは家をきれいにするのは当たり前。いちばん時間を過ごす場所なのだから、目に入ってくる場所をきれいにしておかないと、心が沈む」と。寝室からトイレまですべてがいつもきれいだから、気楽にお友達を呼ぶことができるのかもしれません。

どんな三ツ星レストランの料理より、私はマイさんのお宅で食べたラム肉やクスクス、ラズベリーのタルトが記憶に残っています。おもてなしは料理が主役ではない。ヒュッゲな心地よさが主役なんだと教えてくれたのは、マーチン一家です。

マイさんの家のリビングスペース。淡いグレーの床がインテリジェントな雰囲気を醸し出しています。ラグの色とクッションの色を合わせ、立体的なつながりも演出。小さめのテレビを見えない場所に置いて、その都度出すようにしています。Photo by Anitta Behrendt

デンマーク人の子育て

〜子育ての目標は"自立"〜

デンマーク人と日本人は、子供の頃から思いやりや平等の精神を尊重して育てられる、といった共通点がありますが、違うところもたくさんあります。例えば結婚と子育てです。まず結婚は、子供が生まれるまであまりしません。それまでに同棲しておいて、本当に一緒に暮らしていけるか、チェックします。とても賢い方法だと思います。また、子供が生まれても、結婚という選択をしてもしなくても、育てるときは男女ともに助け合って育てます。そもそも会社に「残業」という発想がないので、基本的に仕事が終わるのは午後5時過ぎ。保育園に迎えに行ってごはんを食べさせるのは、どの家庭においてもルーティンワークのようなものです。

また子供たちにしても、塾などもないので、夜は家にいるのが当たり前。宿題は親が教えることもあるけれど、「もし勉強ができない、好きでないのならば専門学校を選ぶ道もいい」と子供が高校生になるくらいまでに親子で何度も話し合います。デンマークの大学では、選ばれた学生は授業料が無料で、国から学生手当も支給されますが、決して広き門ではありません。そもそも高校も大学も受験がないので、中学、高校とそれなりの成績を取り続け、かつ高い内申点、学校での積極的な活動がなければ、デンマークの大学には入れないのです。

ある意味、頭がよい子もそうでない子もすべて平等と言えます。人がヒュッゲに暮らしていくには、社会から肯定されることが大切という考え方なので、いい大学に入ることがすべてではありませんし、高校のあとに好きな専門性のある道に進むもよし、やっぱり学びたくなったら何歳で大学に入ってもいいのです。とりあえず塾に行って深く考えずに大学受験をし、就職時に挫折してしまう日本人より、勉強が苦手な人には専門性を極める道を勧めるデンマーク人は、幸福度が高いかもしれません。

マイさんのおうちには3人のお子さんがいますが、それぞれ自由に生きる道を選んでいます。長男は大学へは進まず、ファッション関係のカメラマンに（有名カメラマンです）。長女は社会学を専門にして大学院に、そして19歳の次男はこれから好きな道を選べばよいと言っています。小さいときからお手伝いをさせて自立心を養い、社会に出て働く準備を始めますが、彼や彼女とデートしたり、旅行に行くことも親が積極的に勧めます。マイさんの娘さんがボーイフレンドと日本に来たときは、うちに泊まりましたが、私の娘たちがボーイフレンドとデンマークを旅行したなら、同じように泊めてくれるだろうと思います。コソコソ隠れて大人になるのではなく、小さい頃から大人になる練習をして、18歳で成人したら自立することが当たり前とされています。

ヒュッゲな生活は、自立した土台があってこそ成り立つもの。そのベースを社会制度や教育で作り上げていくデンマークには、学ぶことがたくさんあります。

マイさんの家のキッチン。壁は薄いグレーがかったピンク、キッチンのカウンタートップ、キャビネット、床はグレーのグラデーションで塗られています。窓枠と窓に続く部分だけは白く塗られていて、立体感を出しています。Photo by Anitta Behrendt

デンマーク女性の選択
〜仕事と育児と、ヒュッゲな暮らし〜

結婚、出産を経ても働き続けるのは日本でも当たり前になってきましたが、デンマークなど北欧の国々の女性就業率は世界のトップレベルだということをご存知でしょうか?(スウェーデンやアイスランドではなんと80%以上。ちなみに女性議員の比率も約半分で、ほぼふたりにひとりという高さです)

仕事を続けやすいという環境が背景にあることも事実ですが、デンマークの女性が言うには、「私たちはヒュッゲな生活を送ることが人生の目標。日本人のように、合わないパートナーと我慢してでも寄り添うという考え方はないのよ。ましてや結婚した相手のために仕事をあきらめるなんて、考えられない」のだそうです。なんだか納得いきます。制度だけでなく、彼女たちの人生への向き合い方がそもそも違うのです。

結婚をしてうまくいかなくても、仕事さえあれば自立して暮らしていける。もし仕事を手放してしまったら、同じポジションに返り咲けるという保証がないのは日本と同じです。北欧の女性は子供が小さいときはのんびり子育てをして、育ったら仕事に戻る、というイメージを持っているかもしれませんが、実情はだいぶ違います。

育休は男女合わせて取れるのは32週程度(うち12週は男性のみが取れる)。多くの女性は6〜8ヵ月、最大限とったとしても子供が1歳になる頃には職場に戻るケースが多いといいます。ですから、たとえばアイスランドでは、女性が職場に赤ちゃんを連れて行くことは当たり前ですし、女性だけでなく、男性の9割が育休をとるのだそうです。

一方、日本の育休制度は意外と長く、育児休暇を3年まで延ばそうという国の施策まであります。のんびり休めるのはよいことのようでいて、女性にとってはキャリアの形成が妨げられる可能性があります。仕事はスポーツと同じでポジション争いという一面がありますから、誰かほかの人に取られてしまったら、違うところを探すしかありません。

美しい家に住み、日々の暮らしを大切にし、長い夏休みをとって、気の合うパートナーと暮らす。それは決して簡単なことではありません。いろいろな制度は整っていますが、税金は高く、物価も高い。豊かな暮らしを送るにも離婚するにもお金がかかります。だから結婚しても出産しても女性は仕事をキープしてキャリアを積み、管理職になることも大切にしています。子育ても大事にするけれど、自分の人生も大事にする。デンマークの女性たちには、生きていくうえで必要なしなやかさを教えてもらいました。

日本には日本のよさがありますが、デンマークから学ぶこともたくさんあります。それぞれ似ているなあと思うところもたくさんあります。お互いに学び合って、高め合っていけたら素敵だなと、デンマークを訪れるたびに思います。

マイさんの家のキャビネット。仕事をしていて忙しくても
ケーキを焼き、コーヒーを入れ、キャンドルをつける。そし
ていつも花を絶やさぬ彼女は、私にとっての憧れです。
豊かに過ごすにも、心地よいパターンがあるような気が
します。Photo by Anitta Behrendt

Chapter

03

家具はスピリット
Spirit of Furniture

よいデザインは心を豊かにする

美しくヒュッゲなものの体験

デンマークという国は税金も高いですが、家具も高い。クッションひとつ、椅子ひとつ、それなりの値段がします。彼らはみな「よいデザインにはお金を払うべき」と言います。それは、美しいものは人の心を豊かにし、毎日の生活の満足度を上げてくれるからだそう。そのような心が生まれる背景には、家庭の教育だけではなく、デンマークの国策もあります。

王立図書館、国立銀行、小学校などに行けば、アルネ・ヤコブセンの椅子にオーレ・ヴァンシャーやフィン・ユールのイージーチェア、ハンス・J・ウェグナーのテーブル、ポール・ヘニングセンのランプなどが当たり前のように置かれています。公共の場所を美しいデザインの家具で設え、国民に生活の一部としてそれらに直に触れてもらうこと。美しくヒュッゲなものを日々体験することでその価値を知り、それらによって日常が豊かになることを学んでいくのです。デンマークを含め、北欧の国々の幸福度が高いのには、このあたりにも理由があるように思います。

日本人は衣食住の「衣」の部分にたくさんのお金と時間をかけますが、デンマーク人は「住」の部分にお金をかけることを子供の頃より親から教育されます。食卓で交わされるのは「初任給をもらったら、どんな時計や宝石を買う?」という会話ではなく、「どんな椅子やテーブル、ランプを買う?」というものです。デンマークの友人、マイさんの3人の子供たちはみな、両親が大切にしている「丸いテーブル」──ポール・ケアホルムのPK54──に憧れていて、「いつかはあんなダイニングテーブルがほしい」と言います。20歳前後でこんな会話ができるって、本当にすごいと思います。多くのデンマーク人は「ポルシェに乗りたい」「シャネルのバッグがほしい」といったベクトルと違うところで生きているのです。

私たち日本人もデザインやブランドにお金を払う国民ですが、それは「衣」のほうに偏っているように思えます。デンマーク人のように、「住」──家具や家のデザインにもっとお金を払うようになったら、体型が変わっても、ちょっぴり幸せが続くかもしれません。

家具の選び方

理想を定めて、大きなものから決めていく

まずは何の家具から考えるべきなのか——ここでも基本的なルールは同じで、「大きなものから」です。大きなアイテムは、その場の雰囲気を決定づける要素になるからです。家具で存在感を発揮するのは、ソファーとテーブル、そして椅子です。汚れが目立たないからと濃い色をついセレクトしたり、単純に「このテーブルが好き」「あのソファーが好き」とやみくもに選びがちですが、心地よい空間を作るには、全体の材質、色や形のバランスを考えることが重要です。

例えば大きな家具であるテーブルの場合、濃いローズウッドやマホガニーのような色を選べばクラシカルな雰囲気となります。また、オークやチェリーのような明るいトーンを選べば、カジュアルになります。大理石やガラスの場合はモダンなイメージとなります。

次のポイントは家具の高さです。海外メーカーのテーブルや椅子は外国人の体形に合わせて作られており、日本人には少し高すぎることも。ちょうどいい高さに脚を切ったりして高さを調整しましょう。断然、使いやすくなります。また、低いほうが圧迫感が減り、空間が広々と見えるという効果もあります。

実際に家具を選ぶときは、プランを持たずにいきなりお店に行くのではなく、まずは自分の好みやスタイルを分析することが大切です。自分にとってどのレストランが、ホテルが心地よいと感じるかを思い返し、書き出してみましょう。そしてそれら憧れのスポットがどんな家具を集めているのか、ネット上の写真などで観察し直します。「家具の色は茶系」「椅子の素材は革」など、改めてディテールに気がつくかと思います。

例えば私がスタジオのテーブルを選んだ理由は、『Out of Africa』や『バベットの晩餐会』という本を書いたデンマークの作家、カレン・ブリクセン（ペンネーム：イサク・ディーネセン）が持っていた、オーレ・ヴァンシャーがデザインしたテーブルに憧れていたのがきっかけです。ローズウッドの持つエレガントな雰囲気がずっと好きでした。その写真をルカスカンジナビアの輿石さん（P87参照）にお見せして、「私にも手に入れられるような値段で、こんな雰囲気のローズウッドのテーブルが見つかったら教えてください」とお願いしていて、やっと出会ったのです。

大きなテーブルが決まったら、キッチンカウンターやカーペットの色、飾るべき絵など、すべてが決まっていきました。好みの家具を選ぶのにいちばん重要なのは、「自分で自分の好みをわかっているか？」ということにつきると思います。

何かに出会って「好きだな」と思ったら、それがどんなものなのかを私は徹底的に調べます。ローズウッドのテーブルは赤みを帯びた色なので、それに合うローズグレーのカーペット、そしてキッチンのカウンタートップはこげ茶のシーザーストーンを選びました(P32参照)。

コージーコーナーを作る

くつろげて、会話が生まれる場所

　心地よい家には、心地よいスポットがあります。それはソファーとテーブルなど大きめの家具で構成されるものではなく、ひとりがけの椅子やランプ、好きな小物や絵で作られた、居心地よい(cozyな)コーナーです。私が尊敬する織田憲嗣さん(P80〜83)も「おうちにコージーコーナーを作りましょう」と、メッセージをされていますが、それは同時に、家具や小物を機能だけで選ぶのではなく、温かいスピリットを持った存在として家に迎え入れてみましょうと提案されているのだと思います。

　コージーコーナーは椅子でなければできないというわけではありません。フロアーにクッションを重ねてもいいし、コーヒーテーブルに好きな本を積むだけでもいい。家の中ではなく、ベランダの角にくつろげる椅子を置くのでもいいと思います。ベッドサイドでもトイレでも、場所はどこでもよいのです。自分らしい

場所、ここにいるとほっとするというコーナーです。

　素敵なコージーコーナーを作るために私がご提案したいのは、自分好みのイージーチェアを1脚、取り入れてみることです。リビングルームには大型のソファーや揃いのデザインの椅子を、と思いがちですが、自分が心地よく座れる椅子にオットマンなど足を上げられるものがあれば、ベッドと同じくらいに快適です。織田さんの『デンマークの椅子』という本で私は椅子についていろいろ学び、長女を出産したとき、フィン・ユールの椅子を買いました（写真左）。座り心地がよく、曲線が美しい形で、浅くも深くも座ることができて、一度も後悔したことはありません。右ページのベージュの椅子は、ルカスカンジナビアのもの。こちらは優しい曲線の人を包み込むようなデザインです。ひとりの時間も、ふたりの時間も、ぐっと楽しくなる椅子たちです。

Special Column 02

織田憲嗣さんの家を訪ねて 〜美しいものに囲まれて〜

織田憲嗣
Noritsugu Oda

家具デザイナー、椅子研究家。大阪芸術大学卒業後、髙島屋大阪支店宣伝部勤務を経て、グラフィックデザイナー、イラストレーターとなる。1994年に北海道東海大学芸術学部教授に就任、現在は東海大学名誉教授。北海道上川郡東川町の文化芸術コーディネーターも務める。世界有数の椅子コレクターであり、1300脚以上を所有している。著書に『名作椅子大全』(新潮社)、『フィン・ユールの世界』(平凡社)ほか。

いい椅子と暮らす

織田さんは旭川空港からほど近い、上川郡東神楽町に自らデザインした家に住んでいます。

「この家は1960年代のデンマークハウスをひとつのお手本としています」

とくに気に入っていたのがデンマークの建築家、タッキーニ・モーエンセンの自邸。妻にそれをプレゼンしたところ、賛同してくれて方向性が決まりました。

「設計にあたっては、家の図面上に配置する家具のイラストを描いて、配置を完璧に決め込みました。最初に家具ありき、の家です」

家を作るときのそうしたあれこれは、織田さんにとってはそもそも楽しいもので、こんな楽しいことを建築家だけにやらせなくても！と思ったといいます。

「建築の専門家ではありませんが、独学でもできる限りのことはできます。好き、という気持ちはきわめて人を能動的にします。美しい家具とどう暮らすかから始まっているこの家は、そういう意味で実験住宅とも言えます」

そして、何においても、そういう"好き"という思いはとても大切です。美しいものを手に入れて、残したい。『チェアーズ』という研究室を立ち上げたのもそのような理由からです。単なるコレクターではなく、椅子を撮影して図面化し、まつわる文献を集める。そうした研究がそもそも好きで、楽しいのです」

家のために選んだ家具は、研究のために資料として集めたものだったけれど、実生活で使うことで、そのものの深い理解につながりました。「フィン・ユール邸で1脚しか作られなかった本当に貴重なものもあります。氏が亡くなったときに譲り受けたんです。わが家にはさまざまな家具がありますが、こういうものは実際に使わないとその本当のよさはわからない。いいものほど使う、という考えです。美しさ、使いやすさといった機能的なことのほか、精神的な側面もあります。使い込むほどそうした理解が深まります」

天井からのペンダントライトとスタンドライトは梁に沿った十字のラインを意識して配置している。照明や家具をこうした軸線に基づいて配置すると、全体のハーモニーを生み出す効果があるという。また、麻の布をパーティション代わりにして、奥のTVスペースとを柔らかく仕切っている。

好きなもの、
美しいもの、
いいものとは？

織田さんの審美眼 ———

織田邸には、さまざまなものが置いてありますが「溢れて」はいません。多くのものに囲まれながら居心地のいい理由はどこにあるのでしょう。また、その審美眼はどうやって養われたのでしょうか。

「子どもの頃から美しいものが好きでした。小学生のときは鉱物や切手、コインなんかを集めたり。収集癖はその頃からですね」

大学生になると、美しいものが好きという価値観はさらに固まっていきました。当時はファッションデザイナーになりたかったこともあり、選んだコートはバーバリー。そしてヨーロッパを1ヵ月ほど旅したときに買ったものは今でも使用しているといいます。

「イギリスのコベントリーで買ったロレックスのボーイズサイズの時計です。学生の分際で、ですが、親からの送金をごまかしてでも（笑）、買うならいいものを、という考えでした。これまでに3回もオーバーホールに出しましたが」

お金がないならないなりに、ウィンドウショッピングや美術館、博物館などで目を養いました。

「美しいものを手にしたときの感動は、ファストのものには絶対にありません。そして、一度買ったものは長く愛用します。ものの寿命を全うさせてあげたいと思っています。皆さんね、断捨離っていいますけど、断捨離しないといけないようなものは、そもそも玄関をくぐらせません」

ものには4つの寿命がある、という話をウェグナーミュージアムの学芸員と話していたときのこと。

「ものには、破断したり、ゆるんだりする『構造上の寿命』と、テキスタイルが破れるといった『素材の寿命』、ウレタンがへこむとかの『機能の寿命』、そして流行にのりすぎた『デザインの寿命』があると話したんです。そうしたら、もうひとつある、そのものに対するパッションがなくなる、『情熱の寿命』もある、と言われたんです。デンマーク人ならではの考え方だなあと思いました。だからこそ、本当にいいものを、愛着がわくものだけを近くに置くべきなのだと」

家具はその最たるもの。少し無理をしてでも、いいものを買うべきだといいます。

「たとえば、ダイニングチェアを買いたいんですが、と相談されるんです。予算はいくら？ と尋ねると3万円くらい、と。それじゃ、5倍の予算で考えましょう、と答えるんです。するとね、皆さん、きょとんとします。答えになってませんという顔です（笑）。一脚15万って、4人だったら60万。大変なお金です。だからこそ買うのに慎重になるし、吟味もする。でも一度それを手にしたら、大事にするし手入れもする。そして、そういう親の考え方は子どもにも受け継がれる。子どもに譲ることもできますね。とすると、その椅子は一生ものどころか、"二生もの"になります。年単位で割ったら、ファストな家具より安いんですよ（笑）」

玄関ホールにて。陶製の鹿のオブジェ、スティグ・リンドベリの陶板、ロイヤルコペンハーゲンのキャンドルスタンドなど北欧からやってきたものたちがお客様をお出迎えする。P83のフィンランドのオイヴァ・トイッカがデザインしたふくろうなど、織田邸ではユーモラスで愛らしいオブジェがいたるところで彩りを添えている。

デンマークデザインを知ろう

集めるつもりはなかったのですが、いつのまにか、うちにはデンマークの家具が集まっていました。デンマーク人の友人から「あなたの家にいるほうが、よりデンマークにいる気分になる」と笑われたことも。ただいま、わが家に住み着いている家具メンバーをご紹介します。

PHアーティチョーク
ポール・ヘニングセン
Poul Henningsen

キャンドルホルダー
フリッツ・ハンセン（ハイメ・アジョン）
Fritz Hansen (Jaime Hayon)

PK54
ポール・ケアホルム
Poul Kjærfholm

エイトチェア
アルネ・ヤコブセン
Arne Jacobsen

Danish Furniture

Yチェア

ザ・チェア

CH27

CH88

デンマークで椅子の巨匠といえば

ハンス・J・ウェグナー
Hans J.Wegner

ロングセラーの名作、Yチェアはもともと中国の明時代の椅子のリデザイン。この椅子をはじめ、木工家具を得意として生涯で500脚以上の椅子をデザインした。道具としての使いやすさと、物としての美しさのバランスがとれた作品を数多く残した。ザ・チェアは1960年に大統領候補だったケネディとニクソンのテレビ討論会で使われたことでも有名。

スワンチェア

コロニアルチェア

イージーチェア

オーガニックなデザインが人気

アルネ・ヤコブセン
Arne Jacobsen

セブンチェア、エッグチェア、アントチェアなどの名作で知られる。家具だけでなく、建築、照明、カトラリーにいたるまでさまざまな物をデザインし、完璧主義者と称された巨匠。自然からインスピレーションを受けたという有機的なフォルムが魅力。

クラシックでモダンな逸品揃い

オーレ・ヴァンシャー
Ole Wanscher

デザイナーであると同時に家具の研究家でもあったヴァンシャーは、自身の作品にも18世紀の家具のエッセンスを取り入れた。コロニアルチェアもイギリスのラダーバックチェアをリデザインしたもの。エレガントで気品ある作品を得意とした。

唯一無二の「家具の彫刻家」

フィン・ユール
Finn Juhl

木工家具工房のニールス・ヴォッダーと組んで作った、独創的なフォルムと構造が特徴。家具職人ではなく建築家だった彼だからこそ生み出せた、機能的でありながら美しく、ユニークさも合わせ持ったデザインは世界中で人気がある。

カトラリー

日常を豊かにする王室御用達ブランド
ジョージ・ジェンセン
Georg Jensen

北欧を代表するジュエリーとシルバーウエアのブランド。デンマークとスウェーデン、両王室の御用達を務める。カトラリー、リビングアイテムから、ネックレスやイヤリングといったアクセサリーまで幅広いアイテムはいずれもオーガニックな曲線が魅力。

カップ&ソーサー

デンマークで最も古い陶磁器メーカー
ロイヤルコペンハーゲン
Royal Copenhagen

ロングセラー、ブルーフルーテッドは開窯と同じ1775年に誕生。1790年にフローラ ダニカ、2000年にブルーフルーテッド メガなど、時代ごとに生まれる人気デザインをクオリティの高いペイント技術が支えている。

長く使えそうな品質&愛着がもてるものを
アンティーク（デンマーク）
Danish Antique

P83で織田さんもおっしゃっているように、多少お値段がしても、質のよい、長く愛情を注ぎそうなものを選びましょう。アンティークとの出会いは一期一会ですが、じっくり吟味を。ちなみにこちらは1930年代に作られたリュビューベース。

花瓶

Interior Gallery

相談することから始めよう！
デンマークデザインが豊富なインテリアギャラリー

ルカスカンジナビア | LUCA SCANDINAVIA

エレガントなヴィンテージ家具に出会う

オーナーの輿石朋敦さんの素晴らしい審美眼で、デンマークをはじめとしたヴィンテージ家具を買い付けているお店です。私のスタジオのローズウッドのテーブルやサイドボード、スツールなどを購入させていただきました。インテリアで悩んだときに「ルカスカンジナビアではこんな飾り方をするかな？」と、審美眼の基準としている場所でもあります。陶磁器、工芸品、絵画などもあり、ディスプレイや壁の色が変わるのを見るのも楽しく、遊びに行くように立ち寄っています。P48〜49でご紹介したスウェーデンのベッドブランドDUXIANA（デュクシアーナ）の日本代理店も始めています。すばらしいベッドで、一度寝転がったら、もう起き上がれない寝心地です（笑）。

住所	東京都中央区銀座1-9-6 松岡第二銀緑館1F
Tel	03-3535-3235
営業時間	12:00〜19:00
休日	水

ダンスク ムーベル ギャラリー | DANSK MØBEL GALLERY

北欧家具と和のコラボレーションを

日本の和の暮らしに合う、デンマークの中でもモダンな家具がなじむ住まい方を、アートや照明、ラグなども含めて、トータルで提案してくれるお店です。オーナーの砂原啓三さんや長年勤めておられる中村祐介さんは、いわば住まいのキュレーター。その空間を見て、家具は何を置くとなじむのか、アートは何をかければ美しくなるのか、心地よくなるのか、一緒になって考えてくれます。家具店という枠を超え、総合的に空間をプロデュースしてくださいます。こちらのお店も照明をとても大切にされていて、日本の狭い住宅だからこそ、「陰影のある照明で、奥行きを出すことが大事」とおっしゃいます。上記のルカスカンジナビアと同じビル、上の階の店舗です。

住所	東京都中央区銀座1-9-6 松岡第二銀緑館2F
Tel	03-6263-0675
営業時間	12:00〜19:00
休日	水

Chapter

04

照明はインテリアを変える

Lighting in Interior Design

会話が生まれる照明

じつは心地よさの最大の鍵

「インテリアの中で、何がいちばん大切ですか？」と聞かれたら、私は照明だと答えます。照明は、すべての雰囲気を変える魔力を持っているからです。高級家具に囲まれたすばらしい豪邸であっても、それが蛍光灯に照らされた明るい空間だったら、興ざめです。むしろワンルームであっても、ランプやキャンドルといった複数の光源で作られた影とゆらぎのある空間のほうが私は心地よいと感じます。

以前、CMを作る仕事をしていたときに、照明を担当していた外国の方に「照明の仕事は、光をまんべんなく当てることではない。美しい影を作ることだ」と言われ、衝撃を受けたことがありました。彼らは光を足し算ではなく、引き算で考えていたのです。日本だと暗いところをなくしていくのが照明の役割だと考えられていましたから、求めることが違うのだなと感じました。

リフォームをするとなったとき、私は、東京・新宿のパーク ハイアットや韓国・ソウルのグランド ハイアットの照明を担当したジョン・モーフォードのライティングを真似したいと思いました。人を招き入れるような温かさ、そしてインテリジェンスを感じるスタイルは、私にとって最高に心地よいものでした。

会話が生まれる照明を生み出すためには、自分にとって理想となるライティングを考えてみましょう。そしてその空間を生み出す光源の種類について学び、ダウンライト、ランプやキャンドルといった複数の光源を使って空間に陰影を作る工夫をしてみましょう。引っ越し先でたまたま設置されていた天井のシーリングライトをそのまま使っていたのでは、どんなに家具や絵画で工夫しても、部屋の雰囲気が温かく心地よいものになることはありません。

スタジオの夜の照明。天井からのライトは月のように穏やかに全体に光を注ぎ、ダウンライトは絵にフォーカスして照らしています。そして、奥にあるスタンドは部屋の隅を広げる効果を担っています。テーブルにはいつもキャンドルを置き、揺らぐ炎がここで過ごす時間を豊かなものにしてくれます。照明はまた、音楽が似合う空間を作り上げてくれます。

Tips *Lighting* 01　□ 電球のタイプを知ろう

　日本の家庭には一般的に、蛍光灯を使った天井付けのライトのほか、LEDを活用したダウンライトなどが多く使われています。欧米の公的施設ではLEDが普及してきましたが、家庭では、まだハロゲンランプ、白熱球を使うことが多いようです。省エネ効果ということではLEDのほうが上ですが、居心地のよさを生み出す美しさと温かさにおいては、まだまだ白熱球とは比べものになりません。

種　類		特　徴
電球形LED		一般的になりつつあるLEDは、省電力で長寿命、経済的なのが特徴。スイッチを入れるとすぐに点灯します。玄関やトイレなどすぐに明るさがほしい場所におすすめです。
白熱電球	一般球/ボール球	白熱電球は黄色っぽく温かみのある光が特徴です。透明タイプの電球は、白色のタイプに比べてキラキラとした輝きがあるので、透明なガラスシェードなどにおすすめです。白色タイプの電球は、よりやわらかく光を拡散させます。
	レフランプ/ビームランプ	一方向に光を集める投光照明、スポット用の電球。内側に反射鏡加工がされているので、照明器具の反射笠なしでも集光の効果が得られます。照明器具の汚れによる劣化もありません。
	なつめ球	常夜灯、残置灯、灯明用などに使用する電球。
	シャンデリア球/ミニランプ	小型のスタンドから大きなシャンデリアまで広く使用される、一般的な装飾用電球です。
	ハロゲンランプ	点光源に近く、配光しやすいランプ。輝度が高く、メリハリのある照明ができるので、スポット照明によく使われます。寿命末期まで初期性能を持続するのも特徴。非常に高温になるので、専用器具が必要です。
蛍光灯	一般蛍光灯	効率がよく、発熱が少なく、影が出にくいのが特徴です。長寿命で、連続5000時間以上も使用できます。白色、昼光色、電球色など種類も豊富。
	電球形蛍光灯	白熱電球のソケットのまま使える便利な蛍光灯。白熱電球にくらべると、電気代と発熱量が約3分の1、寿命が約6倍と経済的です。調光・センサー機能のついた器具には使えないことが多いので注意が必要。

Tips *Lighting* 02

☐ 複数の光源で部屋を照らそう

　もしあなたが、日本の家庭で一般的な、天井についた、部屋全体を照らす蛍光灯の照明器具（シーリングライト）で暮らしているとしたら、それはライティングという魔法を最初から拒否しているようなものです。欧米の家庭やホテルは、天井にあるペンダントライトやシャンデリアは飾りのためであり、それで空間のすべてを照らそうという発想はありません。私がおすすめしたいのは、シーリングライトは勉強をしたり仕事をしたりするときに使い、ごはんを食べたり音楽を聴いたりするときは、そのライトは消し、「一室多灯」にして、複雑な光を生み出すという方法です。（『行正り香のインテリア』P47参照）

　多灯にするというのは、部分照明器具（ブラケットライト、ダウンライト、ペンダントライト、スポットライト、フロアスタンド、テーブルスタンド、キャンドルなど）を複数設置するということです。テーブル上のペンダントライトなどは、顔ではなくテーブルの中央を照らすのが目的なので、テーブルから50〜80cmくらいの低い位置で、20〜40ワット程度の光に抑えるのが北欧風です。ルイスポールセンなどのショールームに行って、ぜひ「一室多灯」の可能性を体感してみましょう。

　また、北欧の人はキャンドルの光をとても大切にしていて、たとえ夏の明るい日でも夜はキャンドルを灯します。使い方としては、テーブルの上にひとつ、本棚や玄関、トイレにキャンドルをひとつずつ、そうして部屋のあちこちにキャンドルを灯し、そこに温かいスピリットを感じさせるような演出をします。わが家でも、家族でごはんを食べるときは必ずテーブルに、そして友達が来るときは玄関からトイレ、部屋のあちらこちらにキャンドルを灯しています。キャンドルは、ヒュッゲを演出する最大の武器です。

Tips Lighting 03 　□ ダウンライト、スポットライトを活用する

　わが家は天井につける大型のシーリングライトはつけていませんが、ダウンライトはたくさんつけています。参考にしたのは、前述の東京・新宿のパーク ハイアットです。ダウンライトやスポットライトの目的は部屋を明るくするというより、影を作るため、あるいは壁の質感、本の背表紙、キッチンの手元、玄関の小物や花、そして絵など、目的別に光を当てるためです。ダウンライトには白熱電球、ハロゲン、LEDなどのタイプがありますが（P92参照）、私が使っているものはハロゲンで調光できるタイプです。

　人間の目は暗い部分を空間と認識しないため、広く見せたかったら、隅々まで光を当てることが大切です。

　わが家の場合は、部屋の壁のほとんどすべてに絵がかかり、さらに観葉植物なども飾っているので、ユニバーサルという照らす位置を変えられるライトを使って、いろんな小物たちにも光が当たるようにしています。

　絵を飾るときは、絵の全体を照らすのもよいのですが、梁があるために光が届きにくいこともあります。ギャラリーならば両側から照らして影をなくすと思いますが、私は影があるほうが美しい、絵に暗い部分と明るい部分があるのも素敵だなと思うので、まんべんなく光を当てることはしません。

　ちなみに天井に埋め込むタイプのダウンライトの場合壁から50〜60cmのところにユニバーサルタイプのライトを設置するようにしています。ピンホールというタイプもありますが、電球の位置を調整する必要がなく直接ここに当てたい、という場所が決まっていたら、そちらを選びます。ハロゲンランプは狭角、中角、広角と光を当てる幅を選べます。私は光を多く当てるのではなく、明るい空間に影を作りたいので、狭角を使うことがほとんどです。

Tips Lighting 04　☐ 調光器を使ってみよう

　調光器は、私にとってなくてはならない、陰影を作り出す魔法の道具です。リフォームをする前は天井照明専用の調光器や、コンセントに差して使う調光器を使用していました。リフォームをしたときにトイレ、バスルーム、キッチンにも壁付けの調光器をつけ（写真下）、明るくしたいときやキャンドルなどを灯して友達を迎え入れたいときなど、そのときの気分で明るさを調整しています。もし調光器の威力を知りたいなら、部分照明（ランプやダウンライト）の電球を40ワットや60ワットから、15ワットに替えてみてください。光を引き算することで影が生まれ、家具や小物が立体的になります。たった数百円の実験で調光器の偉大さを感じていただけると思います。

　照明のためのスイッチプレートは、美しいものではありません。隠せるのがいちばんですが、隠せないのなら真鍮(しんちゅう)のスイッチプレートや神保電器のNKシリーズなど、美しいデザインのものを探してみることをおすすめします。私はプレート、コンセント、コードやステレオなどの配線はすべて表に出ないようにしています。また余分なコードはペンダントライト用のコードリールを使ってコンパクトにまとめるようにしています。黒いコードなら黒のリールを、白いコードなら白のリールを購入するのがおすすめです。

　残念ながらLEDライトと調光の相性は、よくありません。調光するとチカチカしてしまうものが多いので、もしLEDでバーやホテルのような雰囲気を出したい、調光したいという場合は、ショールーム（パナソニック、コイズミ、山田照明、DAIKO、オーデリック、トーヨーキッチンなど）に足を運んでプロに相談し、ご自分の目で確かめたほうがよいと思います。

こちらの壁の絵はかけかえることが多いので、天井から外だしのスポットライトをつけました。どんなサイズの絵であっても常にセンターに光が当たるように調整できるので便利です。光は何かを当てる、照らすのではなく、陰影を作るものという発想転換をすると、ライティングをもっと楽しむことができます。

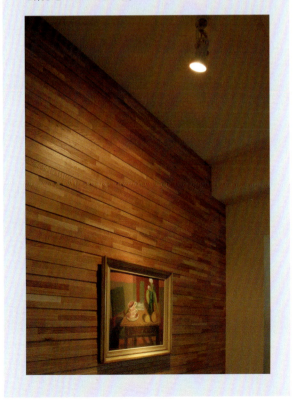

FOOD/DAYSのライティング

デンマークのレストランをイメージして

　新橋にあるステーキレストラン、FOOD/DAYSは、スペースが狭く、目の前に公園や川があるわけでもなく、マイナスポイントが多い空間です。でもお出ししているのは、最高級のアメリカンビーフ、そしてハイレベルのカリフォルニアワインです。だとしたら、雰囲気もそれに伴わなくてはいけません。デンマークのレストランに行ったとき、ものすごく暗かったけれどその暗さが人と人をつなぎ、おもしろい会話を生み出すのだということを体感したので、その照明を再現しようと思いました。

　店内の照明はメニューを見ることができるギリギリの暗さに調節しています。各テーブルにはキャンドルを灯し、壁にある絵や小物、並べているワイングラスにはユニバーサルダウンライトで光を当てます。空間の中心的なポイントとなる赤い絵には、ほかの絵より一段明るく光を当て、光のレベルにメリハリをつけました。狭いけれども心地よい空間ができたかなと思います。

　それぞれのテーブルには、中央にだけ光が当たるようにして、お客様のお顔にはあまり当たらないようにしています。これほどの暗さのレストランはなかなかないので、最初は「暗すぎる」とおっしゃるお客様もいましたが、海外のレストランによく行かれる方や外国の方からは評判がよかったので、この光の中でお料理とワインを楽しんでいただいています。

　飾っている絵や、棚にのせた小物たちはすべて家から持ってきたもの。赤い絵は、パリのポン・ヌフの橋で、おじさんがキャンバスに直接描いていたものです。絵を見るたび、絵を丸めていたおじさんの絵の具のついた手と、そして笑顔を思い出します。

Food and Lighting

FOOD/DAYS　住所　東京都港区新橋4-10-7-2F　Tel　03-3436-9677

Chapter

05

家を飾ろう

Decorating Space

絵を飾ろう

絵とのよき出会いを

　絵やオブジェ、お花がない家というのは、私にとって、下地化粧品だけをつけて、マスカラもアイシャドーもつけずに街に出かけるようなもの。どこか中途半端なのです。昔の日本家屋には掛け軸やお花を飾る場所があり、住まう人が「美しい」と感じたものを表現する場所がありました。椅子やテーブルの西洋風のインテリアになったら、座った位置から見える絵などが、その家の個性を表現するものとなります。こちらで紹介しているのは、もともと畳だった部屋をカーペットにリフォームした空間。絵を飾るのと飾らないのとでは、空間のもたらす雰囲気がこんなにも変わります。絵の中のオレンジと椅子のオレンジが組み合わさって、何とも言えない温かさが生まれました。

　家具にもモダンなもの、クラシックなもの、エスニックなものと種類があるように、絵画にもいろんなタイプがあります。どんな絵が自分は好きか、心地よくしてくれるかというのは、たくさんの美術館に足を運んでみて、溢れるほどの絵から「どの絵なら私が家に飾りたいか」という明確な目的意識をもって見るのがおすすめです。

　もしわが家に飾ることができるなら、私はシャガール、モディリアーニ、マティスやセザンヌ、東山魁夷がいい。その共通点は細やかにオブジェを描いているのではなく、オブジェがもつスピリットを色やファジーな形でアブストラクトに表現しているところにあります。ほしい絵のイメージが定まっているので、工藤村正さんや野崎義成さんの個展、のみの市やアンティークショップで絵に出会ったとき、迷わずこれだと確信できるのです。私は「絵を探そう」と思って絵を買いに行ったことは、じつは一度もありません。

絵やペンダントライトがなく、照明に工夫もないと（写真左下）、部屋はなんとなくぼーっと間の抜けた感じです。壁には工藤村正さんの大きな絵を飾り、部分的に絵にスポットライトを当てています。それによって陰影が生まれ、どこがこの部屋のフォーカルポイントかがはっきりします。

Tips *Painting*   □ 額装と絵、部屋のバランスを考える

好きな絵を買ったとします。でもそのまま壁にかけて合う絵というのは、めったにありません。購入したときについている額装というのは、どんな部屋にでも合わせやすいように無難なものが選ばれていることが多く、そこに個性は表現されていないからです。私は美術館に行ったとき、額装も絵の大事な要素としてよく観察します。

枠には、太いもの、細いもの、ゴールド、シルバー、木などがあります。余白を作るマットにも、白だけでなくグレー、黒など様々な色やキャンバス地などがあります。また表面のカバーはガラスではなくアクリルをはめることもできれば、油絵などはそれを外すこともできます（写真1、2、4）。一見、組み合わせは無限にあるように思えますが、それは違います。飾る部屋が決まっているのならば、合う色、素材、マットはおのずと決まってくるのです。例えばミニマムでモダンな黒い家具が多い家であれば、額装はシルバーのカチッとしたものが合います。わが家のようにベージュがキーカラーの自然素材を活用した家ならば、落ち着いたゴールドやシルバーゴールドが合います。FOOD/DAYSのようにグレーのグラデーションで統一した空間ならば、薄いグレーのマットに、濃いグレーブラックの枠が合います。

また、額装のアイデアは、部屋だけでなく、絵の中にもあります。絵の中にシルバーがあればシルバーの額装を（写真3）、絵の緑が強ければ、グラデーションするようにベージュ色のマット（写真2）のみにし、マットを額装と見立てることもできます。思い切って絵が飛び出すような額装（写真1）にするのもおすすめです。額装をする前は、「飾る空間が何を求めているか」よく考えてみましょう。

複数の絵を同じ空間に飾る場合は、隣り合う絵とのバランスも大切になります。美術館でいうと、同じ展覧会にその絵があっておかしくないか？　という基準です。わが家では、ある一枚の絵の場所を変えたら、それに伴い、ほかの絵の位置もシャッフルします。

壁に絵を取り付ける

01

02

03

04

ピクチャーレールを利用するよりは直接かけるほうがスッキリ美しく見えます。
01 必要なのは、金づちと取り付ける金具類のみ。小さい絵であれば3点フックで十分です。重さがある絵を石膏ボードにかける場合は、ボードアンカーであらかじめ壁を安定させておきましょう。02～03 金づちで釘を打つときはややななめ上から打つのがコツ。 04 水平かどうかを確認して取り付けます。耐震のために、絵と壁が触れるところに耐震ジェルや振動吸収マットなどを貼り付けておくのがおすすめです。

1 2
3 4

物を飾ろう

物は人生を彩るスパイス

　花瓶やスタンド、グラスや仏像など、私にとってはただの「モノ」ではありません。すべての物には旅先や人の思い出が詰まっています。ストライプの花瓶はデンマークから買ってきたもの。小さかった長女が抱えて割ってしまい、「ママが大事にしていたものを壊してしまった」と泣いていたもの。その下に敷いている刺繍の花瓶敷きは、ドイツのライン川近くのかわいい町で買ったもの。コーヒーポットとトレイは結婚祝いにデンマークの友人からいただき、その後デンマークに行くたびに、骨董市などで同じシリーズを少しずつ集めたもの。仏像はブータンのティンプーのお店で出会ったもの。何とも美しいお顔で出会った瞬間に離れられなくなってしまったもの。

　断捨離が流行っていますが、こうしたものは決して断捨離できません。だって、私の人生そのものなんですもの。物を最小限に整理して、いつでもどこでも何でもさっと取り出せるのはすばらしいことかもしれないけれど、私がそんなことをしたら、素敵な思い出もすべて捨ててしまうことになります。

　本当はもっとたくさんの物を、織田憲嗣さんのように美しくセレクトして飾ってみたい（『織田邸』〈ハシモトオフィス刊〉という本にもすばらしいヒントがたくさんあります）。でも、じつはたくさんの物を飾るのにはセンスがいります。よって私は、自分でルールを決めています。それは「ひとつの平面にひとつ、主役を決めて飾る」。あるいは、「複数のものを飾るならばトレイなどで同じ種類のものをグルーピングして飾る」、「飽きてきたら別のものに替えて一面にひとつというルールだけは守る」というものです。このルールを基本として、その周りに観葉植物やお花、キャンドルなどを配置して、飾った物を引き立てるような工夫をしています。

　思い出だからと物をたくさん並べても、美しいバランスを生み出すのは難しい。そんなときに助けてくれるのは「引き算」です。何かを足したら、何かを引く。ごちゃごちゃしないように自分ならではのルールを決めましょう。

花を飾ろう

花は「生き物を家に迎え入れる」ということ

　たった一輪の花でも、生きているものがそこにあるのとないのとでは、空気の流れが変わります。しおれかけた花の茎を短く切ってシャンパングラスに入れ、キャンドルをつけ、ラベンダーのお香を焚き、ビル・エヴァンスのピアノアルバムを流せば、その場の空気はもっと変わります。別の空間になるのです。

　まずは一輪の花でいいと思います。生きたお花を家に迎え入れてみましょう。余裕があれば、もう一輪と増やしていき、お客様がいらっしゃるときは、少し贅沢に自分でアレンジしてみるのも豊かな時間です。

　お花のアレンジにもいろんなスタイルがありますが、私が好きなのは、洋花であっても和を感じさせる松島理恵子さんのスタイルです。自由で潑剌としていて、お花の声が聞こえてきそう。こちらでは松島さんに、そんなお家が見違えるお花のアレンジのコツを教えていただきました。

Tips *Flower*

- ☐ 大ぶりのもの、細かい小花、細長いものなど、いろいろな形状を組み合わせる
- ☐ どの花瓶に飾るかを決める（自由でOK）
- ☐ どんなバランスにするか、出来上がりをイメージしてからいける

**花瓶に入れるだけ。
簡単で華やかなアレンジ**

バンダという蘭を花瓶のサイズに合わせて切り、水を入れた花瓶に入れるだけという手軽なのに見栄えのするアレンジ。蘭類は水に強く、ハリのある花材なので花瓶にフィットしやすく浮いてきません。上部にあるつぼみをカットするとよりシャープな印象に。

シャンパングラスを活用したアレンジ。八重咲きの百合、マイウェディングをシンプルにいけました。開いたもの、少し開いたもの、つぼみ、と違う状態の花を組み合わせると表情豊かになります。

あじさいの ブルーのアレンジ

花瓶から続く青のグラデーションが美しい

大ぶりのハイドランジア（西洋あじさい）をメインとしてアフリカンバジルと丸葉のユーカリを合わせた、ブルーが美しいアレンジ。いけるコツは、まず中心となるあじさい1本とユーカリを入れて形を決めます。次にアフリカンバジルと残りのユーカリで肉づけし、最後にもう1本のあじさいを入れて形を整えます。アシンメトリーになるように仕上げれば、3種の花材だけなのに複雑な佇まいに。

108　Chapter 05

03

ポンポンダリア × グラスのアレンジ

ワイングラスを活用したシンプルスタイル

ダリアの一種、愛らしい丸い形状が人気のポンポンダリアをスタイリッシュに。赤一色のポンポンダリア数本（グラスの大きさによってお好みで）に、赤と白のポンポンダリアを1本だけ混ぜるのがポイント。ボウル部分が大きめのワイングラスに、幅の広いドラセナの葉をぴったりと沿わせたら水をはり、カットしたポンポンダリアを挿します。重なり合うように中央にギュッと寄せ入れて。

01

02

03

とりどりの 白い花のアレンジ

白い花瓶でより可憐な雰囲気を楽しんで

野に咲く花をそのままもってきたような風情を楽しみたいアレンジ。アウトラインから作ると、大きいフォルムも決まりやすいのでぜひ挑戦を。まずゼラニウムの葉、リキュウソウ、八重咲きの白いハイドランジア（西洋あじさい）を入れて土台を作ります。次にもう1本のハイドランジアを加え、ダイヤモンドリリーをところどころに挿します。均等に入れないのがナチュラルに仕上がるコツ。

01

02

03

可憐な
ピンクのアレンジ

シャンペトル風のデザインにもトライを

重なり合う色と形の複雑さが素敵なシャンペトル風（フランス語で"田舎風"）のアレンジは、奥行き感に気を配って立体的に仕上げるのがポイント。細葉のユーカリの枝で土台のアウトラインを決めたら、オッポセンターという淡いピンクのバラとパープルの小花、エリカを入れます。次に星のような形のアストランティア、最後に大ぶりのダリア、ペアレディをバランスをみながら挿して完成。

01

02

Chapter
06

心地よい空間の選び方

Selecting a Comfortable Place

心地よい物件の条件

見落とされがちな「空間の好み」

どんなものが自分にとって心地よいかが見えてくると、そこからどんな家＝どんな物件に住みたいか？ということが見えてきます。四角い空間が心地よく感じるならば、四角い形の家を。個性的な空間が好きならば、個性のある家を。近くにカフェがあるのが好きならば、好きなカフェの近くを選ぶ必要があります。家を探すとき、自分が大事にしているこうした心地よさについてあまり考慮しない人が多いのですが、実はこの「空間選び＝物件選び」が、心地よさを確定する大きな要素となってきます。

私の場合、空間を形でとらえると、たとえばコルビジェが造り出すようなスクエアでシンプルな空間ではなく、ビルバオ・グッゲンハイム美術館を造ったフランク・ゲーリーが造り出す「カーブのある空間」「左右対称ではない空間」が好きで、心地よく感じられます。かっちりした真四角や長方形ではなく、窓の大きさもまちまちで、動きを感じられる空間が面白いと思っています。変型した空間は、家具の配置や使い方など、一筋縄ではいかない難しさがありますが、一方で自分らしい、"One and Only"な空間を作ることができるはずだと思っています。

学生時代、そして会社に入って賃貸住宅に住んでいたときは、四角いワンルームでの生活でしたが、自分が物件を選ぶという段階になったときは、たくさんの家、美術館、レストランやホテル、コンサートホールなどを見て回りました。さまざまな空間を体感したことで、あらためて「たとえマンションであっても、個性を表現できる空間を見つけたい」と感じました。

家を探すときのそのほかの条件、たとえばその土地の知名度や物件のブランド、高い値段がつきがちな南という方角、駅から近いといったことは私にとって重要度の高い条件ではありませんでした。それよりも水辺に近いこと、職場に近いこと、空間の形、耐震性を重視しました。何かひとつを選んだら、何かひとつをあきらめることで、理想と現実が近づいていきます。もしどれもが捨てがたい条件のように思える場合は、紙に「大事に思うこと」を書き出して、順位をつけていくことをおすすめします。

素敵なお家（前ページのマイさんのお宅など）やすばらしい建築に足を運ぶだけでなく、建築家やインテリアデザイナーの作品を見ると自分の好みが見えてきます。たとえば以下のような方々の作品をネットで見たり、本を買ってみるのもよい勉強になります。ル・コルビジェ、フランク・ゲーリー、ザハ・ハディド、フランク・ロイド・ライト、ハンナ・ケアホルム、ジョン・モーフォード、隈研吾、安藤忠雄、丹下健三、磯崎新など。そして自分に"刺さる"ものを探ってみましょう。

物件選びのポイント10

01 優先順位

プライオリティを決める

家探しはパートナー選びや就職と同じ。「ここは妥協できるけれど、ここはできない」そのポイントをはっきりさせておくことが大切です。譲れないのは駅からの距離か、窓からの風景か、ロケーションの人気度か、部屋の広さか、職住近接かといったことを、自分の生活パターンを考えながら決めていきましょう。優先順位をはっきりさせることが、自分の理想の家探しのスターティングポイントとなります。

ちなみに私にとって最も重要だったのは、「窓の外に広がる風景」でした。これはアメリカで生活をしていて、多くの人が景色に対して驚くほどのお金を払うということを見ていたからでした。たとえ小さな空間でも、目の前がサンフランシスコ・ベイであれば、その小ささを補うだけのマジックがありました。よって私が物件を探すときは、「水の近くである」ということだけは外せない条件でした。

02 眺望

忘れがちな窓からの"借景"

眺望を大切にしたいと思ったら、そこからまたチョイスがいくつかに分かれます。緑を選ぶのか、水を選ぶのか、ネオンを選ぶのか、建築物を選ぶのか、その条件によってセレクトするロケーションが変わります。また方角によって、景色の見え方も変わります。たとえば北向きは人気の方角ではありませんが、夜景にこだわるならば、北向きだと住宅群の南側が見える

ようになるため、リビングにつく照明が見えて、夜景がよりきれいに見えます。また、購入時によい眺望であっても、それが永久に続くという保証はありません。公園がなくなったり、目の前にマンションが建ったりすれば、景色は変化してしまいます。眺望で選ぶときは、「この場所は20年後にどんな眺望になるのかな?」と考えることも大切です。

私が「こんなところに住みたい」と強く思ったのは、サンフランシスコ・ベイが見える友人のアパートに行ったとき、ブルックリンからニューヨークを眺めたとき、そしてフェリーから夜のシアトルを見たときでした。どのスポットも水辺で夜景が美しい。そうやって、自分が好きだと強く感じるものがあると、住む場所を探す手がかりになります。

03 間取り

家族の大きさに合わせて調整する

家の間取りは、大体のパターンが決まっています。東京都心で戸建ての場合、一部屋ずつが積み上げられたような3階建てが多く、マンションならば、玄関から入って縦長、横長、扇形などのパターンに分かれます。3階建ての家は階段部分が多く、部屋が違う階に分かれるのでプライバシーは守れますが、住んでいる人同士のふれあいは少なくなります。足腰が弱くなった将来、行き来が大変になる覚悟も必要です。マンションで縦長の間取りの場合、入って両サイドに個室、水まわり、そして奥にリビングルームという形で、プライバシーは守られますが、玄関近くの部屋は光が入りにくいために暗くて寒い空間になりがちです。横長の場合は、玄関を入ってすぐに水まわりが集まり、廊下は少なく、リビングルームの近くに個室がきて、全体の部屋が明るい作りになることが多いようです。私の家は扇形。やはり水まわりは玄関近くに集中していて、いろんな部屋から採光できる工夫がされています。

間取りは永遠のものではありません。マンションの場合、耐力壁（耐震性などを守るための壁）でなければ、壁の1面を取り払ってリフォームすることもできます。反対に、大きな部屋を半分にして、小さな部屋を2つ作ることも可能です。家族の形は変わっていくもの。子供が小さいとき、思春期のとき、成人して出て行ったとき、とその時代に合うように空間を作り直すことができます。

私が間取りを選ぶときに大切にしているポイントは、廊下部分が少ないということ、キッチンへの出入りがしやすいということでした。子供部屋は必要となったときに工夫して作ればよいと思っていました。私自身、中学2年まで自分の部屋がなく、かつ、部屋を作ってもらってからもほとんど部屋にいたことがなかったからです。家族は4畳半の茶の間に集まっていたので、「個室が大事」という感覚があまりありません。「個室を増やせば共用スペースは狭くなる」「共用スペースを増やせば、個室はなくなる」、選択はそのどちらかです。間取りを考えるときは、自分たちの価値観、あるいは求めているビジョンを明確にする必要があります。

現在、わが家は欧米のように個室それぞれに違う役割がある間取りではなく、キッチンが中心となって各部屋がつながっている、日本の伝統的な作りになっています。昔の間取りは、6畳、4畳半の部屋がつながっていて、そこには部屋の役割などなく、昼間はそこで子供が遊び、夜になると家族でご飯を食べ、子供の宿題が終わればみんなで布団を敷いて寝る、という柔軟な暮らし方です。日本の狭い空間を生かすためには、この作りはとても理にかなっていると思います。

皆さんが毎日をどのように過ごしているか、どこでいちばん過ごしているかを今一度よく考え、プライバシーを保てる家にするのか、あるいは共用空間を広く使えるようにして個室は寝るだけ、という作りにするのか、過ごしている時間を計って、部屋の重要度を決めていくといいと思います。

04 方角

南向き信仰を考え直す

一戸建てはだいたい南向きにリビングルームが来るような作りになっていますが、マンションはそうではありません。四角いマンションならば、多くの場合は南、東、西、北という方角に分けられ、南がいちばん人気で、購入する場合は価格も高くなります。

わが家を購入したときも、眺望がよい北向きより南向きのほうが高い価格で売られていましたが、私は眺望のよさをとって、北西向きの部屋を選びました。南の方角というのは、実はベランダの「ひさし」がよほど大きくないと、部屋に直射日光が長時間入っ

てきて、家具も自分も日焼けしてしまったりもします。また、最近建てられたマンションの場合は断熱効果が高いため、北向きでもある程度は暖かさが保たれます。さらに南向きの家から外を眺めると逆光となりますが、北向きだと、太陽の順光を当てられた風景となるため、景色の見え方が断然きれいなのです。方角を決めるときは、自分の生活スタイルをよく考え、賃貸でも購入するときでも、時間帯が違うときにその空間に足を運び、どの方角がよいのか考えてみることをおすすめします。

05 立地

場所が暮らしのあり方を決める

立地は重要です。とくにお子さんがこれから生まれるという方は、立地選びが保育園選び、塾選び、学校選びに直結してきます。保育園の場合はそこからの転園が難しいために、すべてがロックインされた状態となります。仕事をしながら子育てをしている女性にとっては、職住が近い場合とそうでない場合では、通勤ストレスの度合いが変わります。また、歳を重ねると、病院が近いかどうかがとても大切になります。

私は部屋を借りたり購入したりするときは、「人気度の高い立地」をあえて外して選ぶようにしていました。それは人気度の高いところは、すでに開発が進んでいて利便性が高く、価格も高いことがほとんどだ

からです。ちなみに、私の住んでいるエリアととなりのエリアでは、同じ広さの物件で、価格は1000万円以上も違いました(ローンにすると返す金額の差は1500万円以上にもなります)。購入した当時は「大きなスーパーもないところでどうやって生活するの?」と聞かれましたが、そのとき開発されていないエリアでもいつかは変化していくのだから、のんびり待とうと思っていました。不動産自体は変わらなくても、周辺地域、そしてご近所は変わります。予算に限りがあり、リーズナブルに好みの物件を探したいならば、みんなが憧れる場所からひとつとなりのエリアを選んでみるのもおすすめの方法です。

06 内装

いちばん熟考すべきは床の色

　空間の雰囲気を決める最も大きな要因は「色」です。特に床の色、壁の色は面積が大きく、空間をガラリと変える力を持ちます。新築でマンションを購入するとき、「ウォールナット」「チェリー」「オーク」といった素材を選べたりしますが、色が濃ければ濃いほど、部屋は狭く感じます。洋服と同じで、明るい色は膨張色。空間は広く感じます。

　また、所有している家具や今後購入したい家具によって、合う素材も違ってきます。英国調のクラシカルな椅子やテーブルならばウォールナットがとても合いますし、少しライトな北欧系の家具ならば、床の色が明るいチェリーやオークが合います。コルビジェのようなシンプルな椅子が好きならば、黒を選ぶのもかっこいいかもしれません。

　「こんな家具を置きたい」というビジョンがあるなら、その家具が置かれたショップに行って壁や床を観察してみてください。洋服やアクセサリーは何度も試して似合うかどうかを悩むのに、なぜか家のこととなると、基準がわからなくなって適当に決めてしまいがちです。「この家具とこの床の組み合わせは私にとって心地よい」と確信するまでは、即決しないようにしましょう。家具でも壁や床の色でも、私はインスタグラムや雑誌、ウェブサイトなどありとあらゆる事例を見て、本当によいかどうかを確かめてから選びます。賃貸に住んでいて、床の色がどうにも気に入らないというときは、カーペットを敷くのもおすすめです。ちなみに、私がリフォームをするときに最も悩んだのは床の素材と色でした。

07 収納

ものは適量を適切なスペースに

　収納は狭い家に暮らす日本人にとって重要な問題です。私の場合、居心地よい空間作りにおいて大切なことは、「日常生活のごちゃごちゃしたものを収納するスペースがある」ということです。これは「使わない部屋を収納部屋にする」というのとは違います。部屋自体を収納スペースにしてしまうと、不要なものがどんどん溜まっていくので、あまりおすすめできません。収納場所が少ない物件は、いろいろなものが室内に溢れてしまい心地よい空間作りが難しくなります。一方、広い収納スペースだけが確保されていても、使い勝手が考えられていなければただの倉庫のようになってしまい、暮らしやすさからは遠くなります。

わが家では、食器の収納のために廊下の一部分を使って棚を作りつけました。奥行きも棚一枚の間の高さもあまりない形状です。なぜなら、ほとんどの器は30cm以内で、同じ器は6枚程度しか揃えていません。どんどん奥に入れても上に重ねても、使い勝手は悪くなるだけだからです。

収納を製作するにはそれなりにお金がかかりますが、IKEAや無印良品などの収納棚をもとに工夫すれば、いろんな収納を作ることも可能です。本は、洋服は、靴は、バッグはどれくらいあるのか？ 家族それぞれのものをどこにどのように収めればいいのか？ まずは観察してみましょう。そして小さなスペースしかないようであれば、所有するもののダウンサイジングをするしか方法はありません。

わが家の本棚は、背表紙の美しい本は扉のない棚の上に、そうでない本は扉のある棚の中に収めるようにしています。いま以上に本が増えるときは、増えるぶんだけ誰かにあげたりするようにしています。本も服も、収納から溢れるほどのものは、読みこなすことも使いこなすこともできません。すべてのものを一定の量しかもたないように気をつけて、心地よさを保つ工夫をしています。

08 メンテナンス

住みやすさを左右する管理問題

賃貸や中古で物件を探している友人には、私は「ごみ捨て場を見たほうがいいよ」と伝えています。エントランスやエレベーターの中がきれいであっても、ごみ捨て場には住んでいる人たちのマナーや管理の細やかさがにじみ出てくるからです。一戸建てであってもマンションであってもご近所さんは友人と同じで、とても大切です。お互いにマナーを守って共存していけなければ住みづらくなります。エレベーターで会ったら当たり前のこととして挨拶をする人がいたり、管理人さんがいい人だなと感じられたりするところであれば、そこは住み心地のいい家となる可能性が高いと思います。

また、家のメンテナンスがしやすいかどうかも大切な要素です。大きな窓は自分で掃除できるか？ キッチンにゴミ箱を置くスペースが確保されているか？ 掃除機を出し入れするスペースは？ 洗濯機を置くスペースは十分か？ （最近の全自動洗濯機は大きいのでスペースが必要です）細かいところにいたるまで、日々の暮らしをきれいにキープしやすい家なのか、空間をじっくり観察して選びましょう。

09 リノベーション

できること、できないことを要確認

不動産を購入する場合、新築か中古かを悩む方もいると思います。「こういう家に住みたい」というビジョンがはっきりしている方なら、中古の物件を選んでリフォームするのもおすすめです。ただ、その物件が建てられた時期によって耐震基準が違ったりもするので、あらかじめ調べておくことが重要です。また、間取りが自由に変えられないケースもあります。耐力壁と言って耐震強度などを保つための壁になっている場合は、その壁を取り払うことはできません。柱や梁がないため、すっきりして見えるのは空間として魅力的ですが、いかんせん、変更ができません。

壁の問題だけでなく、水まわり、防音や断熱の問題なども建築時期によって、だいぶ違う場合があるようです。そもそもリフォームができる物件かどうか、不動産屋さんにわからない場合もあります。自分が希望していることが実現可能かどうか、何ができて何ができないのか、リフォームを考えている方は購入前にきちんと調べておきましょう。

10 家具

家具から逆算して決める

家具には、それが「合う空間、合わない空間」があります。たとえばバリ風の家具は日本の古民家に合うし、モダンな家具ならば都会のマンションが合います。一方でマリー・アントワネットが使っていたようなデコラティブな家具が合う日本の家屋というのは、なかなかありません。借景も含めて空間のイメージができてしまうからです。

私が最初に物件を探したときは「マリオ・ベリーニの革の椅子が合うか?」ということがひとつの基準でした。いつかほしいと私が最初に恋に落ちた椅子です。それが合わない空間なら、最初からダメだなと感じていました。多くの方は引っ越しをして、急いでカーテンを揃え、とりあえずテーブルやベッドを買って、と何もかもを一気に揃えてしまいがちです。そうすると、日々の暮らしとして不便ではないので、その「とりあえず」状態が続いてしまい、思い描いていたイメージに辿り着くのが難しくなってしまいます。

心地よい家は、家と家具のバランスがとれています。物件を選ぶには立地、方角、メンテナンスのしやすさなどいろいろ基準がありますが、決め手のひとつとなるのは、自分が置きたい理想の家具が合うかどうか? ということかもしれません。

さいごに

初めてのインテリアの本を出したのは、講談社の山本忍さんがお声がけくださったのがきっかけです。インテリアの学校にも、デザインの学校にも行ったことのない私に、一冊の本が書けるだろうか？　本を出したとしても、買ってくれる人はいるだろうか？　心配だらけのプロジェクトでした。でも、出来上がったら読者の方々からたくさんのお声をいただき、おかげさまで今回の二冊目へとつながりました。まずは二冊目への道を築いてくださった読者のみなさんに感謝です。

料理本でも、インテリア本でも、そして英語本や英語のデジタルコンテンツでも、私が目指しているゴールはひとつです。それは「情報を引き算して、整理してお伝えする」ということです。たくさんある情報の中から、どれがみなさんに最も役立つか、実用性があるか、持続性があるか、応用性があるか？　情報をセレクトして優先順位をつけて並び替え、わかりやすい言葉を選んで書いていくという作業です。私は料理やインテリアのプロではないから、専門的なお話はできません。でも自分がトライして役にたったこと、失敗したことを、プロではないからこそ素直にお伝えできるのではないかと思っています。

言葉を紡ぐというのは、骨の折れる作業です。自分の心や記憶という細い糸を、カラダから引っ張り出し、こんな風に織ったらいいか、あんなふうがいいかと迷いながらパッタン、パッタンと長い布を織っていくのは、決して楽なことではありません。でも私の機織り機の周りには、山本さんをはじめ、フラワーアーティストの松島理恵子さん、ルカスカンジナビアの輿石朋敦さん、ダンスクムーベルの砂原啓三さんや中村祐介さん、織田宜嗣先生、デザイナーの奥村敬子さん、リフォーム担当の富田浩伸さん、デンマークとの関係を作ってくださった吉田正子さん、デンマークのMai Knauerさん、そしてカメラマンの青砥茂樹さんと大坪尚人さん、インスタやお手紙などで繋がっている読者のみなさんがいらっしゃいました。その温かい応援があったから、自分なりに色鮮やかな、一枚の布を織り上げることができたかなと思っています。

どうかこの言葉が、イメージが、みなさんの心に彩りあるものとして、響きますよう。そして昨日よりちょっぴりヒュッゲな、温かい世界が、みなさまの前に広がりますよう。

感謝をこめて

2018年11月27日

行正り香

問い合わせ先リスト

［ 家具・照明・アートほか ］

ルカスカンジナビア
東京都中央区銀座1-9-6 松岡第二銀緑館1F
☎ 03-3535-3235

ダンスク ムーベル ギャラリー
東京都中央区銀座1-9-6 松岡第二銀緑館2F
☎ 03-6263-0675

フリッツ・ハンセン 青山本店
東京都港区北青山3-10-11 B1F&1F
☎ 03-3400-3107

**カール・ハンセン＆サン
フラッグシップ・ストア東京**
東京都渋谷区神宮前2-5-10
☎ 03-5413-5421

［ カーペット、シーザーストーン ］

コンフォート株式会社
東京都港区白金台3-2-10 白金台ビル8F
☎ 03-5798-3900

［ 照明ほか ］

ルイスポールセン（ショールーム）
東京都港区六本木5-17-1 AXISビル3F
☎ 03-3586-5341

［ リフォーム・素材など ］

リビングデザインセンターOZONE
東京都新宿区西新宿3-7-1
新宿パークタワー3〜7F
☎ 03-5322-6500（代表）

スペースワーカー
神奈川県横浜市南区六ツ川1-668-1-506
☎ 045-714-1352

［ タイル、モールディング ］

アドヴァン 東京ショールーム
東京都渋谷区神宮前4-32-14
☎ 03-3475-0194

［ キッチン ］

IKEA Tokyo-Bay
千葉県船橋市浜町2-3-30
☎ 0570-013-900
※全国に店舗あり

※こちらのリストにないものは、海外で購入したものやアンティーク、
　現在非売品となっているもの等です。ご了承ください。

Rika Yukimasa
行正り香

高校3年生時にアメリカに留学し、カリフォルニア大学バークレー校を卒業。CMプロデューサーとして広告代理店で活躍後、料理家になる。ふたりの娘と夫の4人暮らし。『だれか来る日のメニュー』（文化出版局）、『19時から作るごはん』『持ちよりパーティーをしよう』『行正り香のインテリア』（弊社刊）ほか著書多数。インテリアにおいてデンマークの魅力を広めることに貢献したとして、2017年に日本・デンマーク国交樹立150周年記念の親善大使に選ばれる。子ども向けの英語学習教材「カラオケEnglish」や「なるほど！エージェント」もプロデュースしている。

撮影	青砥茂樹（インテリア） 大坪尚人（P80〜83） 輿石朋敦（P90〜91）
デザイン	奥村敬子
取材協力	松島理恵子 ルカスカンジナビア ダンスク ムーベル ギャラリー コンフォート株式会社 ターナー色彩株式会社 株式会社カラーワークス
Special Thanks to	Mai Knauer Anitta Behrendt デンマーク大使館 吉田正子

行正り香の家作り
ヒュッゲなインテリア

2018年12月12日　第1刷発行
2023年　3月　3日　第4刷発行

著者　行正り香
© Rika Yukimasa 2018, Printed in Japan
発行者　鈴木章一
発行所　株式会社　講談社
　　　　〒112-8001　東京都文京区音羽2-12-21
　　　　編集　TEL 03-5395-3447
　　　　販売　TEL 03-5395-3606
　　　　業務　TEL 03-5395-3615

印刷所　大日本印刷株式会社
製本所　大口製本印刷株式会社

落丁本・乱丁本は購入書店名を明記のうえ、小社業務あてにお送りください。送料小社負担にてお取り替えいたします。なお、この本についてのお問い合わせは、with編集部あてにお願いいたします。本書のコピー、スキャン、デジタル化等の無断複製は、著作権法上での例外を除き禁じられています。本書を代行業者等の第三者に依頼してスキャンやデジタル化することは、たとえ個人や家庭内の利用でも著作権法違反です。定価はカバーに表示してあります。
ISBN 978-4-06-513068-1